Televisão & Educação
Fruir e pensar a TV

Rosa Maria Bueno Fischer
(Com a colaboração de Sylvia Magaldi)

Televisão & Educação
Fruir e pensar a TV

4ª edição

autêntica

Copyright © 2001 Rosa Maria Bueno Fischer

COORDENAÇÃO DA COLEÇÃO
Alfredo Veiga-Neto

PROJETO GRÁFICO DA CAPA
Jairo Alvarenga Fonseca

EDITORAÇÃO ELETRÔNICA
Waldênia Alvarenga Santos Ataide

REVISÃO DE TEXTOS
Erick Ramalho

Revisado conforme o Acordo Ortográfico da Língua Portuguesa de 1990, em vigor no Brasil desde janeiro de 2009.

Todos os direitos reservados pela Autêntica Editora. Nenhuma parte desta publicação poderá ser reproduzida, seja por meios mecânicos, eletrônicos, seja via cópia xerográfica, sem a autorização prévia da Editora.

AUTÊNTICA EDITORA LTDA.

Belo Horizonte
Rua Aimorés, 981, 8º andar . Funcionários
30140-071 . Belo Horizonte . MG
Tel.: (55 31) 3214 5700

Televendas: 0800 283 1322
www.autenticaeditora.com.br

São Paulo
Av. Paulista, 2073 . Conjunto Nacional
Horsa I . 11º andar . Conj. 1101
Cerqueira César . 01311-940 . São Paulo . SP
Tel.: (55 11) 3034 4468

F529t
    Fischer, Rosa Maria Bueno
       Televisão & Educação: fruir e pensar a TV/ Rosa Maria Bueno Fischer. – 4. ed – Belo Horizonte: Autêntica Editora, 2013.

    160p. (Coleção Temas & Educação, 1)

    ISBN 978-85-7526-027-2

    1. Comunicação 2. Meios de comunicação de massa. I.Título. II.Série.

                                                     CDU 007

Sumário

Nota da autora à 4ª edição *07*

Apresentação *11*

Capítulo I
A TV que vemos e a TV que nos olha *15*

Capítulo II
As imagens e nosso olhar atento:
com que linguagens opera a TV? *51*

Capítulo III
A TV como objeto de estudo
na educação: ideias e práticas (Sylvia Magaldi) *101*

Sugestões de leituras e *sites* *129*

Referências *135*

As autoras *139*

A coleção *143*

Nota da autora à 4ª edição

Passados dez anos desde a primeira edição deste livro, penso ser necessário registrar três fatos principais, relativos à velocidade com que se multiplicaram neste período os modos de acesso à informação e à comunicação, no Brasil e no mundo. Em primeiro lugar, é inegável que nossos aparelhos de televisão não cessam de aperfeiçoar-se, seja quanto ao *design* e ao tamanho e formato das telas, seja particularmente quanto a definição e qualidade da imagem. Em segundo lugar, a proliferação de canais a cabo passa a ser responsável por uma oferta cada vez maior de programações, nacionais e, especialmente, internacionais. Por fim, não se pode desconsiderar o papel revolucionário da comunicação via Internet, com uma presença quase infinita de *sites*, muitos deles de acesso a todo o tipo de vídeos, programas de TV, filmes, desenhos animados, peças publicitárias; nesse particular, cito o papel fundamental de *sites* como o YouTube e o Google.

A tela da TV e tudo o que ela continua a nos oferecer, parece-me, agora se expande para outros lugares de televisibilidade: está no nosso celular, no *Smartphone*, no *iPod*, no *iPhone*, no *iPad*, no nosso computador pessoal. Nada se perde, nada se ficará sem saber ou ver. Não deixaremos de acompanhar o que aconteceu na telenovela, no *Big Brother* ou no telejornal. Nosso tempo é o tempo de acessar, não o tempo exato da transmissão do jogo de futebol ou do desfile da escola de samba. Sim, tudo o que gostaríamos de ter visto na TV pode ser encontrado, mesmo que em outro formato, nesses lugares em que, aliás, também a exposição da vida privada cada vez mais é uma realidade. Além disso, descobrimos que todo e qualquer tipo de narrativa audiovisual poderá inclusive ser apresentado na íntegra e, dependendo da extensão, ser apresentado em "capítulos", aqueles fragmentos divididos em partes, possíveis de veiculação no YouTube. Nesse mesmo *site*, também poderemos assistir a sonhadas (ou mesmo esquecidas) performances de antigos acontecimentos publicitários, televisivos, cinematográficos, do Brasil ou de várias outras partes do mundo.

Ou seja, "pega-se" a história audiovisual ali, edita--se aqui e, num clique, somos levados a uma excitante (e constante) viagem por textos, imagens, falas, cenários – que não cessam de ser postados nos diversos sites e que, supostamente, consolam as nossas tantas e diárias perguntas sobre "como foi", ou "quando foi" que tal coisa aconteceu, seja na mídia televisiva, publicitária, radiofônica ou nas páginas de de revistas e jornais impressos, ou mesmo em livros; e ainda, em nossas vivências mais íntimas. Acionada a busca por meio do "deus-Google", em segundo teremos todo tipo de respostas às mais prosaicas, acadêmicas ou bizarras dúvidas que nos colocarmos.

A meu ver, por essas e por tantas outras razões, expostas e discutidas neste livro, defendo que estudar a TV torna-se hoje mais e mais necessário e instigante: proponho perguntar sobre essa mágica linguagem que aprendemos com o cinema e que agora se aperfeiçoa, dentro dos espaços da própria produção televisiva e, mais recentemente, da produção e veiculação de *sites* e *blogs* pela Internet, justamente porque esse trabalho significa perguntar-se sempre sobre novas e antigas formas de narração audiovisual. Significa, sobretudo, debruçar-se sobre a função das imagens na nossa formação ética e estética.

Falo aqui em educação do olhar, sublinhando o trabalho minucioso e indispensável a se fazer com professores, crianças e jovens, no sentido de todos aprendermos a viajar por todo esse universo de imagens, não só como analistas das produções, mas igualmente como criadores e pensadores. Enfim, do ponto de vista de uma nova ética, é uma tarefa que aceita o desafio de acessar todas essas imagens e, diante delas, perguntar: em que medida tantas produções audiovisuais, ao se ocuparem primordialmente de narrativas de nós mesmos, se mostrariam abertas a acolher as histórias "do outro", a assumir-se diante do acontecimento radical da alteridade? Em nome de que tipo de prática coletiva tantas narrativas audiovisuais, hoje, se autorizam a falar em "comunidades" ou "redes sociais"?

Por certo, os temas da educação estética e da formação ética aparecem para nós, estudiosos da televisão e da educação, como absolutamente urgentes em nosso tempo.

Finalmente, no momento em que sai esta 4ª edição, quero prestar minha mais carinhosa homenagem à amiga Sylvia Magaldi, recentemente falecida (dia 21 de janeiro de 2013), a quem sou grata não só pela parceria neste livro, mas pela existência dela mesmo, pelo que soube ser e ensinar, em cada um de seus dias tão intensamente vividos. Foram lições, sobretudo, de entrega, de sentimento genuíno do que se chama verdadeiramente amizade. Nas situações mais maravilhosas, e naquelas por vezes até trágicas e extremamente difíceis, ela costumava dizer: "Não esquece nunca, Rosinha, a vida é generosa!".

APRESENTAÇÃO

Escrever este livro significou, desde o primeiro momento, um desafio dos mais ricos, já que o convite era o de estabelecer uma comunicação direta e simples com professores e professoras, estudantes de cursos de graduação, a respeito de um tema com o qual me ocupo há pelo menos 25 anos, seja como professora universitária e como pesquisadora, seja como profissional de jornalismo: o tema da mídia (em especial, a TV), nas suas conexões com o campo da educação. A familiaridade com o assunto, em si mesma, não era (e não é) garantia de que a tarefa seria realizada com tranquilidade. E a qualidade de ser simples, bem o sabemos, não é tão fácil de ser atingida.

Leitores e leitoras encontrarão aqui muito da experiência híbrida, de comunicadora, jornalista, educadora e pesquisadora – exatamente a experiência que me permitiu estar investigando hoje o que tenho chamado de "dispositivo pedagógico da mídia". Fundamentada sobretudo em Michel Foucault, tento mostrar de que modo a mídia participa da constituição de sujeitos e subjetividades, na medida em que produz imagens, significações, enfim, saberes que de alguma forma se dirigem à "educação" das pessoas, ensinando-lhes modos de ser e estar na cultura em que vivem.

As possibilidades de escolha para os tópicos sobre Televisão e Educação poderiam ser muitas. Mas, considerando a fidelidade a uma trajetória pessoal e profissional, não se encontrará nestas páginas um arrazoado sobre as chamadas "influências" da TV no que se refere ao aumento da violência na sociedade, à erotização precoce das crianças ou à suposta falta de leitura entre os mais jovens. Tais temas certamente são importantes, mas recusamos o entendimento vertical e linear dos processos culturais. Também não se encontrará aqui um receituário de como utilizar a televisão e o vídeo no espaço escolar. Pelo contrário, os três capítulos deste livro estão ocupados em trazer para o debate algumas questões bem mais amplas, relativas à importância social, cultural e política do meio TV e, igualmente, à especificidade da linguagem ou das linguagens da televisão. Por isso, alguns conceitos teóricos serão explicitados ao longo do livro – como os conceitos de cultura, imagem, símbolo, signo, discurso, representação, endereçamento –, sempre em função do tema maior, das relações entre educação e comunicação. O interesse é chegar àqueles que atuam ou que se preparam para atuar no magistério, como sujeitos disponíveis a experimentar uma outra relação com os artefatos culturais – uma relação de pesquisa, de estudo, a partir da qual supomos ser possível que professores e professoras imaginem formas simples e talvez originais de fruir e pensar a TV com suas turmas de alunos.

Agradeço de modo muito particular à amiga Sylvia Magaldi, que nos deixou no início de 2013, por ter aceito gentil e prontamente o convite a participar deste livro, com sua rica experiência e sensibilidade de educadora e comunicadora, no capítulo "A TV como objeto de estudo na educação: ideias e práticas". Também não poderia deixar de agradecer às bolsistas de Iniciação Científica que, durante todos os anos em que atuo como pesquisadora do CNPq e como docente da UFRGS, têm colaborado diretamente com as investigações que permitiram a escrita deste livro e os trabalhos posteriores que publiquei. Os resultados desse trabalho estão presentes em cada página deste livro. Também agradeço ao CNPq – Conselho Nacional de Desenvolvimento Científico e Tecnológico, pela bolsa de Produtividade em Pesquisa e pelo financiamento da investigação ora em curso. Registro ainda a importância que tiveram os debates realizados nos seminários com os alunos do Programa de Pós-Graduação em Educação, da UFRGS, particularmente as estimulantes discussões com os agora docentes universitários, ex-orientandos de Mestrado e Doutorado, Suzana Feldens Schwerner, Luciana Grupelli Loponte, Celso Vitelli e, de modo muito especial, Fabiana de Amorim Marcello – por sua inestimável parceria intelectual e forte amizade, em todos estes anos.

CAPÍTULO I

A TV QUE VEMOS E A TV QUE NOS OLHA

Estudar a TV, ter a mídia como objeto de estudo, investigar, por exemplo, como se faz um anúncio publicitário ou com que linguagem se constroem matérias de jornais ou revistas ou, ainda, como as imagens e informações da mídia são compreendidas e até incorporadas pelas pessoas, propor modos de utilização desses produtos no cotidiano escolar – tudo isso constitui tarefa permanente e desejável, se nos interessa compreender mais sobre o tempo presente, sobre a cultura em que vivemos, sobre os modos de vida que produzimos e que nos produzem.

Quando nomeio este capítulo – "A TV que vemos e a TV que nos olha" –, estou me apropriando do belo título dado pelo filósofo francês Georges Didi-Huberman a seu livro *O que vemos, o que nos olha*, ensaio em que o autor oferece surpreendentes e criativas discussões sobre o que são hoje nossos modos de ver, de olhar e apreciar imagens artísticas. Interessa-me aqui a tese principal desse autor: a ideia de que as obras de arte de certa forma "nos olham", nos convidam a olhá-las; se fecharmos os olhos, diante delas, perceberemos o quanto o ato de ver nos remete a uma série de lembranças, desejos, sentimentos, como se aquela pintura ou escultura, por exemplo, nos olhasse, nos perseguisse, nos provocasse, nos constituísse também, produzisse algo em nós. Essa relação única do sujeito com aquilo que olha é certamente plena de elementos culturais e sociais.

A TV torna visíveis para nós uma série de olhares de pessoas concretas – produtores, jornalistas, atores, roteiristas, diretores, criadores, enfim, de produtos televisivos – a respeito de um sem-número de temas e acontecimentos. Quando assistimos à TV, pode-se afirmar que esses olhares dos outros também nos olham, mobilizam-nos, justamente porque é possível enxergar ali muito do que somos (ou do que não somos), do que negamos ou daquilo em que acreditamos, ou ainda do que aprendemos a desejar ou a rejeitar ou simplesmente a apreciar. Em poucas palavras: em maior ou menor grau, nós sempre estamos um pouco naquelas imagens. Nossa experiência com os objetos artísticos ou, mais amplamente, com os diferentes artefatos culturais – filmes, pinturas, esculturas, peças de teatro, programas de televisão –, especialmente aquelas que nos tomam por completo o olhar, diz respeito a um aprendizado muito específico, de nos olharmos também naquilo que olhamos, e de pensar a partir do que foi visto, de tomar para nós o que alguém pensou e que tornou de alguma forma visível, público.

Neste livro, estamos interessados no que nos é tornado visível através da tela da TV. Evidentemente, entendo "visível" aqui num sentido bem amplo, que inclui não só o que foi eletronicamente produzido e captado pelos aparelhos de TV, em nossas casas, mas igualmente o conjunto de significações construídas por essas imagens, sons e textos. Arrisco afirmar que, como veremos nos capítulos seguintes, se partirmos da especificidade da própria linguagem dos artefatos midiáticos, se prestarmos atenção aos modos pelos quais são construídos e veiculados tais produtos, às escolhas feitas quanto aos "alvos" a atingir, aos diferentes públicos a quem a mídia endereça seus produtos, particularmente os da televisão, talvez estejamos escolhendo um caminho bastante produtivo para compreender melhor a presença e a importância dessa instância cultural no conjunto mais amplo da sociedade. A escolha, portanto, se faz no sentido de colocar em primeiro plano a especificidade da televisão, isto é, sua linguagem própria, as estratégias de direcionamento de seus materiais aos diversos públicos e o leque de temáticas muito específicas que parece dominar os produtos comumente veiculados por ela.

Interessam-me, assim, dois grandes blocos de questões relativas ao cruzamento entre televisão e educação: primeiramente, como fazemos neste capítulo, a importância social e política de nos determos sobre esse objeto – a mídia ou, mais especificamente, a TV – e, a seguir, a linguagem particular da TV e o modo pelo qual são construídos os produtos televisivos que todos os dias consumimos, a partir de elementos como sons, imagens, textos, diálogos, planos e assim por diante. É preciso ficar bem claro o seguinte: somente por motivos didáticos estamos dividindo em dois momentos uma discussão que, na verdade, não se separa. Ou seja, falar da importância da mídia na vida dos indivíduos e grupos sociais significa também tratar de um tipo específico de linguagem que está em jogo, e vice-versa. E isso, esperamos, ficará presente no conjunto dos capítulos deste livro.

Um eletrodoméstico no espaço público

Que importância tem a TV em nosso cotidiano? Por que ela se torna objeto de preocupação de políticos, de empresários, de pensadores e artistas, mas especialmente de pais e educadores? Que poder teriam as imagens que diariamente nos chegam, que buscamos com tanto interesse e às vezes até paixão? Por que tantos estudiosos da cultura não temem afirmar que a unidade de uma nação, hoje, parece fazer-se bem mais pela comunicação, por meios como a televisão, de que necessita, tanto quanto um dia precisou dos correios, das estradas de ferro ou mesmo da própria escola? (SARLO, 1997, p. 103). Ora, antes de tentar responder a essas questões, talvez seja necessário explicitar o que estou entendendo por isso que tem o nome de *televisão* e definir de que lugar estou falando. Como bem lembra Arlindo Machado, em *A televisão levada a sério,*

> *Televisão* é um termo muito amplo, que se aplica a uma gama imensa de possibilidades de produção, distribuição e consumo de imagens e sons eletrônicos: compreende desde aquilo que ocorre nas grandes redes comerciais, estatais e intermediárias, sejam elas nacionais ou internacionais, abertas ou pagas, até o que acontece nas pequenas emissoras locais de baixo alcance, ou o que é produzido por produtores independentes e por grupos de intervenção em canais de acesso público. Para falar de televisão, é preciso definir o *corpus*, ou seja, o conjunto de experiências que definem o que estamos justamente chamando de *televisão.* (MACHADO, 2000, p. 19-20, grifos do autor)

Assim, é importante sublinhar que estou preocupada de uma maneira bem ampla com as múltiplas possibilidades da linguagem audiovisual produzida em nosso tempo, mas de modo particular interessam-me os produtos televisivos produzidos e veiculados pelas grandes redes brasileiras de TV, bem como pelos principais canais de TV a Cabo, a que temos acesso em nosso país. Interessam-me também todos os materiais audiovisuais postados diariamentevia internet, em *sites* como o Google e particularmente o YouTube. Por outro lado – e isso é o principal –, interessa-me o estudo desses produtos e de todo esse processo de criação e divulgação de materiais audiovisuais, na medida em que tal estudo esteja vinculado à relação comunicação/educação. Nesse sentido, defendo a tese de que a TV, na condição de meio de comunicação social, ou de uma linguagem audiovisual específica ou ainda na condição de simples eletrodoméstico que manuseamos e cujas imagens cotidianamente consumimos, tem uma participação decisiva na formação das pessoas – mais enfaticamente, na própria constituição do sujeito contemporâneo. Pode-se dizer que a TV, ou seja, todo esse complexo aparato cultural e econômico – de produção, veiculação e consumo de imagens e sons, informação, publicidade e divertimento, com uma linguagem própria – é parte integrante e fundamental de processos de produção e circulação de significações e sentidos, os quais por sua vez estão relacionados a modos de ser, a modos de pensar, a modos de conhecer o mundo, de se relacionar com a vida. Enfim, procuro estudar a TV na sua íntima relação com a produção de modos de subjetivação[1] na cultura. É isso que tentaremos demonstrar em cada página deste livro.

A TV – poderíamos dizer – opera como uma espécie de processador daquilo que ocorre no tecido social, de tal forma que "tudo" deve passar por ela, "tudo" deve ser narrado, mostrado, significado por ela. Não há dúvidas, por exemplo, de que a TV seria um lugar privilegiado de aprendizagens diversas; aprendemos com ela desde formas de olhar e tratar nosso próprio corpo até modos de estabelecer e de compreender diferenças de gênero (isto é, de como "são" ou "devem ser" homens e mulheres), diferenças políticas, econômicas, étnicas, sociais, geracionais. As profundas alterações naquilo que hoje compreendemos como "público" ou "privado" igualmente têm um tipo de visibilidade especial no espaço da televisão, e da mídia de um modo geral – tema de que trataremos adiante. Estou falando em modos de existência narrados através de sons e imagens que, a meu ver, têm uma participação significativa na vida das pessoas, uma vez que de algum modo pautam, orientam, interpelam o cotidiano de milhões de cidadãos brasileiros – ou seja, participam da produção de sua identidade individual e cultural e operam sobre a constituição de sua subjetividade.

---

[1] Como tenho escrito em outros textos –*Adolescência em discurso: mídia e produção de subjetividade* (1996); *O estatuto pedagógico da mídia: questões de análise* (1997); *Foucault e o desejável conhecimento do sujeito* (1999a) –, tomo de Michel Foucault os conceitos de sujeito, subjetividade e subjetivação. Os exemplos e as observações sobre TV e subjetivação, neste livro, são fieis a esse referencial teórico.

Trata-se de investigar de que modo tal processo ocorre, sem perder de vista que essa é uma tarefa revestida de enorme complexidade. No mínimo, estamos simultaneamente tratando de linguagem e de modos de produzir sujeitos na cultura; de uma estética específica e de projetos culturais, políticos e econômicos. Não nos interessa, por isso, pensar de modo simplista na chamada "influência" da mídia, na relação direta de causa e efeito entre uma imagem mostrada e um comportamento repetido, por exemplo; muito menos queremos investigar uma "verdade" que estaria sendo escondida "por trás" de cada sequência de telenovela ou de cada debate acontecido num programa "popularesco" de auditório. O que interessa é justamente imaginar possibilidades concretas de análise que deem conta da TV simultaneamente como linguagem e como fato social.

Ou seja, queremos tratar da TV como criação, como produção cultural que nos oferece uma série de possibilidades de expressão audiovisual, de comunicação de sentimentos, ideias, indagações, informações; ao mesmo tempo, desejamos fazer desse estudo da TV uma forma de pensar os problemas, as possibilidades e os impasses da educação na contemporaneidade – fortemente marcados por alguns sintomas culturais, relacionados às mudanças tecnológicas nas diferentes práticas de comunicação e de informação de nosso tempo. Há, portanto, um cruzamento básico aí, entre uma forma de expressão cultural, própria do nosso tempo, e modos de aprender e de ensinar, certamente alterados justamente pela existência desse e de outros meios de comunicação e informação.

Tomo emprestado de Arlindo Machado ("Preliminares" de seu já clássico livro *A arte do vídeo*) uma afirmação básica, a partir da qual desenvolvo parte de minha argumentação neste capítulo:

> A televisão penetrou tão profundamente na vida política das nações, especularizou de tal forma o corpo social,

que nada mais lhe pode ser "exterior", pois tudo o que acontece de alguma forma pressupõe a sua mediação, acontece portanto *para a tevê*. Aquilo que não passa pela mídia eletrônica torna-se estranho ao conhecimento e à sensibilidade do homem contemporâneo. Não se diz mais que a televisão "fala" das coisas que acontecem; agora ela "fala" exatamente porque as coisas acontecem nela. (idem,1988, p. 8)

Obviamente, os meios de comunicação reconhecem explicitamente a escola e a família como os lugares tradicionais de educação dos mais jovens. No entanto, nos últimos anos pode-se dizer que a TV brasileira tem se apresentado como uma instância da cultura que deseja oferecer mais do que informação, lazer e entretenimento. Campanhas como a dos voluntários da educação, por exemplo, ocupam largos espaços na TV – aliás, campanhas que operam com significados que as qualificam acima do bem e do mal, como se nada nelas fosse passível de crítica e, por isso mesmo, interpelam tão eficazmente a população, assim convocada a atos de generosidade, mostrados por si mesmos como "positivos".

Estou aqui ressaltando também, e principalmente, as mínimas estratégias de a televisão afirmar-se como um lugar especial de educar, de fazer justiça, de promover a "verdadeira" investigação dos fatos (relativos a violências, transgressões, crimes de todos os tipos) e ainda de concretamente "ensinar como fazer" determinadas tarefas cotidianas, determinadas operações com o próprio corpo, determinadas mudanças no cotidiano familiar e assim por diante (cf. FISCHER, 2000, p. 111-139). Chamo a atenção para o fato de que essa presença da TV na vida cotidiana tem importantes repercussões nas práticas escolares, na medida em que crianças, jovens e adultos de todas as camadas sociais aprendem modos de ser e estar no mundo também nesse espaço da cultura. Trata-se de modos de existência que, como escreve Arlindo Machado, não apenas "refletem" o que ocorre na sociedade, mas se constituem eles mesmos como modos de vida produzidos no espaço específico da TV e da mídia de um modo geral. Aliás, o mesmo autor, Arlindo Machado, no livro *O Sujeito na Tela*, mostra que, como ocorre com a TV, os novos meios digitais também promovem outras práticas sociais e distintas subjetividades, relativas ao acesso diário a uma produção audiovisual, agora caracterizada "por uma caótica mistura de gêneros, demandas e procedimentos" (2007, p. 134). O autor refere-se a um hibridismo do real e o virtual nessas criações audiovisuais, o que, a meu ver, parece exigir-nos mais estudo e dedicação, como educadores e pesquisadores.

"Vida real" e "vida na TV"

Para ficar em práticas mais próximas e corriqueiras, vejamos dois exemplos apenas, bem distintos um do outro. No primeiro caso, o exemplo remete a transformações no social em função da existência da TV; refiro-me aqui a uma quase "necessidade" de que cenas, práticas costumeiras ou mesmo grandes acontecimentos existam de um certo modo porque são ou serão mostrados na televisão, numa dinâmica em que o inverso é também verdadeiro: veicula-se tal fato de tal modo na TV, porque a própria "realidade" ou os espectadores assim o esperam. No segundo caso, trata-se de um relato de experiência pedagógica no ensino superior, que será comentado para mostrar como a TV habita a intimidade mais privada da vida das pessoas, ao ponto de, em alguns momentos, expressar-se plenamente a inseparabilidade de público e TV.

Vejamos o primeiro exemplo. Todos nós sabemos o quanto determinados setores da vida em sociedade, em âmbito nacional ou mesmo internacional (jogos olímpicos, campeonatos de futebol, desfiles de escolas de samba), passam a ser formatados, transformados, exclusivamente para serem exibidos na tela da TV, em função de altos interesses econômicos e desta grande prioridade de nosso tempo – estar ali, na televisão, ser mostrado, estar disponível para um número sempre maior de espectadores –, sem jamais deixar de vender marcas, logotipos, imagens de empresas, sucessos, derrotas e vitórias, sobretudo emoção, e o grande sentimento de uma espécie de unidade nacional ou internacional, que nos coloca a todos no sonho mcluhaniano[2] da grande aldeia global.

Isso nos leva a pensar, quando assistimos a reportagens sobre graves ou espetaculares acontecimentos, como incêndios, inundações, morte de um grande astro, o quanto as pessoas atingidas sofrem uma invasão das câmeras de TV e o quanto, muitas vezes, parece que "precisam" portar-se para além da própria tragédia vivida. Em contrapartida, é criada entre os espectadores justamente a expectativa de que as tais cenas ocorram daquela forma, que o cinegrafista não deixe de captar em primeiro plano ou em *close* a lágrima e a dor do grande ídolo, e que a pessoa mais atingida com a tragédia seja aquela a ser necessariamente mostrada em seu sofrimento. Em outras palavras: a separação entre a chamada "vida real" e a "vida na TV" parece cada vez mais diluir-se, esfumaçar-se. Uma invade a outra, e novos problemas são criados, especialmente para a educação das gerações mais jovens; a meu ver, problemas desafiantes de uma ordem educacional escolar já fragilizada e em crise.

"O que é invisível para as objetivas da TV não faz parte do espaço público brasileiro" – escreve Eugênio Bucci em seu livro *Brasil em tempo de TV*. Para o autor, o modelo de televisão que temos no Brasil permite que se produza através dos programas veiculados e do

---

[2] Ver MCLUHAN, Marshall. *Os meios de comunicação como extensões do homem*. São Paulo: Cultrix, 1971.

próprio hábito cotidiano de assistir a TV uma espécie de unificação do país no plano do imaginário. Assim, se a sociedade é outra porque existe a TV, falar da televisão brasileira é falar do Brasil, escreve Bucci, e discuti-la significa debater parte significativa de nossa realidade (Cf. Bucci, 1997, p. 11-38) Um dos aspectos dessa realidade é justamente o da precariedade da própria educação. Bucci mostra como a TV não tem o controle da própria TV, na medida em que precisa adequar-se a uma série de constrangimentos políticos e econômicos, bem como a exigências do próprio público (que ela mesma ajudou a criar). Assim é que, pressionada, a TV brasileira se manifesta a favor da educação, não se cansa de registrar problemas de falta de professores ou de baixos salários, mas simultaneamente oferece ao espectador repetidas cenas melodramáticas de mestras abnegadas que ensinam "por amor"; ou, numa contradição menos explícita mas talvez mais eficaz, ensina que de fato o sucesso individual e privado, a ascensão rápida à fama e aos altos salários (de uma modelo ou de um jogador de futebol) funciona bem mais do que a educação propriamente dita.

O segundo exemplo é mais pontual. Trata-se da experiência com uma turma de alunas do Curso de Pedagogia, numa disciplina cujo tema geral é a relação entre mídia e educação e que tem como um de seus focos centrais a prática de análise de produtos televisivos. Num dos encontros, o objeto de atenção eram textos de crítica de televisão, elaborados sobre a apresentadora Xuxa: "Eu acredito na tristeza da Xuxa", de Eugênio Bucci[3]; "Xuxa, a deusa da infertilidade", de Jefferson Barros[4]; e "Xuxa de Neve e seus baixinhos", de Muniz

---
[3] Artigo publicado no livro publicado no livro *Brasil em tempo de TV*. São Paulo: Boitempo, 1999, p. 150-151.
[4] Artigo publicado no livro *Caleidoscópio eletrônico*. Rio de Janeiro: Timbre, 1989, p. 17-19.

Sodré[5]. Meu objetivo era não só discutir com a turma sobre um dos mitos da televisão brasileira, fortemente ligado ao universo infantil, mas sobretudo mostrar as várias possibilidades de tratar um tópico da mídia, enfim, os pontos de vista distintos que uma crítica ou uma análise pode assumir. Também desejava assinalar, através do estudo dos textos, o quanto é importante recorrer a referenciais teóricos claros, quando nos propomos a fazer mesmo que uma breve análise dos produtos midiáticos, como, no caso, de uma das deusas do olimpo televisivo brasileiro. Nos três textos, a diferença de pontos de vista é bastante acentuada: no caso de Barros e Sodré, enquanto o primeiro se apoia num referencial marxista (para ele, as classes dominantes modelam uma imagem do ser humano cuja sexualidade seria sempre infantil), o segundo tem como fundamento de análise a teoria psicanalítica (Muniz Sodré escreve que Xuxa tem a sensualidade da personalidade narcisista, sempre visível e jamais marcada pela passagem do tempo). Quanto a Bucci, mesmo não explicitamente, o autor remete a uma análise também de um certo teor psicológico, sobre rainhas e estrelas, segundo ele, impossibilitadas de entregar sua talvez inexistente alegria.

 Alongo-me neste segundo exemplo exatamente por ele ser o que é, um exemplo no sentido mais preciso do termo: no caso, exemplo de como a prática de sala de aula pode a qualquer momento surpreender, desestabilizar tanto a alunos como a professores. A leitura daqueles textos simplesmente causou choque na grande maioria das alunas (apenas uma lembrou que era necessário "distanciar-se"). Os depoimentos se sucediam, emocionados: "Não pode ser. Essa aí (dos textos) não é a Xuxa"; "Isso ali eles inventaram, a Xuxa nunca foi nem vai ser isso que eles dizem"; "Eu vejo a Xuxa até hoje, eu adoro

---

[5] Ensaio publicado em *O Brasil simulado e o real*. Rio de Janeiro: Rio Fundo, 1991, p. 41-43.

a Xuxa, não pode ser assim"; "Professora, será que não dá pra entender, nós nascemos e já tinha a Xuxa na TV, a gente mamou vendo a Xuxa, se criou na frente da TV cantando e dançando com a Xuxa".

A cena, evidentemente, também chocou a professora: eu jamais imaginaria que pequenos textos, breves oito páginas, sobre uma apresentadora de TV pudessem provocar tamanha comoção. A professora naquele momento se surpreendia desinformada sobre suas alunas, não conseguia entender como essas jovens, já cursando uma faculdade há pelo menos três semestres não tivessem vivido até aquele momento de suas vidas aquela experiência significativa de distanciamento crítico em relação a uma personagem (real ou fictícia) de sua infância e adolescência. Mais: surpreendia-se com o fato de que, como conseguiu isoladamente expressar uma única aluna, a turma não conseguia "distanciar-se" da imagem que tinha da Xuxa, nem mesmo dos próprios textos lidos para aquela ocasião. Tudo indica que, como se tratava de algo que mobilizava fortes emoções, a capacidade de objetivar, de olhar "de fora", ficara momentaneamente suspensa. E foi exatamente nesse momento que o trabalho proposto para aquele encontro revestiu-se de uma dimensão maior. Era preciso partir do mais simples e ao mesmo tempo do mais complexo. Era preciso discutir o próprio sentido de aprender, de estudar, de dedicar-se a essa tarefa-sem-fim de surpreender-se com o não sabido, com o "jamais imaginado" – não exatamente para aprender, enfim, "a verdade" desconhecida, mas também para exercitar o que o filósofo Michel Foucault deixou marcado em sua obra, como tarefa primeira do pensador: tentar pensar o outro dentro do próprio pensamento; ou de estar atento sempre a pensar diferente do que nós mesmos pensamos. Professora e alunas certamente puderam viver um pouco dessa experiência inestimável: a surpresa, a confusão, a explicitação da dúvida, a possibilidade de efetivamente questionar o vivido.

Dez anos após a primeira edição deste texto, posso dizer que, em várias oportunidades, lendo o livro em cursos de Pedagogia, esta passagem é uma das mais comentadas pelas alunas: todas se identificam de alguma forma com o ocorrido, e acabam solicitando os três textos, cujo teor tanto parece ter ferido aquelas estudantes do final dos anos 90.

De qualquer forma, chamo a atenção para o quanto nós, professores, sabemos pouco a respeito de quanto se alteraram os modos de aprender das gerações mais jovens. Afinal, o que é para eles estar informado ou buscar informação? De que modo seu gosto estético está sendo formado? O que seus olhos buscam ver na TV, o que olham e o que dizem do que olham? Que sonoridades lhes são familiares, aprendidas nos espaços da mídia? O que lhes dá prazer nessas imagens midiáticas? Com que figuras ou situações alunos e alunas se identificam mais acentuadamente? Que modos de representar visualmente os objetos, os sentimentos, as relações entre as pessoas, são cotidianamente aprendidos a partir da linguagem do cinema e da TV? Para tais questões certamente não haverá respostas imediatas neste livro; elas são feitas aos leitores e leitoras, com o propósito de provocar um debate sobre nossos desconhecimentos a respeito daqueles (no caso, alunos e alunas) a quem nos dirigimos, a quem endereçamos nossa comunicação pedagógica. E para problematizar ainda mais as questões levantadas nesta parte do texto, a seguir exponho algumas considerações em torno das relações que estamos privilegiando neste livro – entre mídia e cultura, entre TV e produção de sujeitos, entre meios de comunicação, cultura e educação.

Mídia e produção social de sentidos

Comecemos com breves palavras sobre o que estamos entendendo por cultura neste livro. No elucidativo texto "A centralidade da cultura: notas sobre as revoluções de nosso tempo", o pensador Stuart Hall – conhecido por sua vasta produção no campo dos Estudos Culturais – afirma que estamos vivendo hoje uma verdadeira "revolução cultural", porque cada vez mais se tornam fundamentais aquelas atividades relacionadas à expressão ou à comunicação de sentidos, à produção de significados. Assumimos, com esse autor, uma concepção bem ampla de cultura: chamaremos de cultura o conjunto complexo e diferenciado de significações relativas aos vários setores da vida dos grupos sociais e das sociedades e por eles historicamente produzidas (as linguagens, a literatura, as artes, o cinema, a TV, o sistema de crenças, a filosofia, os sentidos dados às diferentes ações humanas, sejam estas relacionadas à economia, à medicina, às práticas jurídicas, e assim por diante).

Essa concepção tão elástica e ampla de cultura merece uma observação. Longe de estarmos aqui optando por um entendimento indiscriminado de cultura, estamos afirmando que falar em cultura implica em falar de um campo muito específico, qual seja, o da produção histórica e social de significações numa determinada formação social. Tal produção é complexa, diversificada e sempre implica relações de poder. Um filme de Steven Spielberg, como o "Parque dos Dinossauros", ou um programa de televisão, como a "Novela das Oito", da Rede Globo, por um lado, e um filme de Visconti, como *Rocco e Seus Irmãos* e um programa como *O auto da compadecida*, da Rede Globo, de outro, pertencem todos ao que amplamente se chama de setor da "cultura", à indústria do entretenimento, ou ainda, à indústria cultural[6]. Há neles narrativas de nosso tempo, inquietações, afirmações sobre a existência humana, angústias e felicidades de homens e mulheres, histórias que remetem a lutas pessoais, políticas, geracionais, de gênero, historicamente datadas, fábulas que nos

---

[6] Indústria cultural é uma expressão cunhada pelos filósofos da conhecida Escola de Frankfurt, Theodor Adorno e Max Horkheimer.

traduzem e que simultaneamente nos produzem. Certamente, há profundas diferenças de qualidade entre esses produtos – diferenças dadas pela própria tecnologia em jogo (cinema ou televisão), pelos objetivos específicos de cada produto, pela estrutura dramática de cada uma das narrativas (certamente, o filme de Visconti não é da mesma ordem estética, política e comunicacional de uma telenovela). Como alerta Teixeira Coelho, há que se estabelecer tais diferenças, mostrar modos distintos de narrar a nós mesmos nesses materiais, para que não caiamos no perigoso relativismo de afirmar simplesmente que tudo é cultura ou que tudo se equivale (COELHO, 2000).

O trabalho pedagógico insere-se justamente aí, na tarefa de discriminação, que inclui desde uma franca abertura à fruição (no caso, de programas de TV, comerciais, criações em vídeo, filmes veiculados pela TV etc.) até um trabalho detalhado e generoso sobre a construção de linguagem em questão e sobre a ampla gama de informações reunidas nesses produtos, sem falar nas emoções e sentimentos que cada uma das narrativas suscita no espectador. Trata-se de uma proposta destinada, nos diferentes níveis de escolarização, a mergulhar na ampla diversidade da produção audiovisual disponível em filmes, vídeos, programas de televisão, e que certamente nos informará sobre profundas alterações ocorridas nas últimas décadas nos conceitos de cultura erudita, cultura popular, cultura de massa, artes visuais, e assim por diante.

Mas voltemos à "revolução cultural" a que Stuart Hall se refere: esta diz respeito especialmente à expansão quase ilimitada dos meios tecnológicos de produção, de circulação e de troca cultural que estamos vivendo. Hoje se torna bem mais difícil e complicado separar, por exemplo, o que seria "material", econômico, daquilo que seria propriamente "cultural", tal a interpenetração desses campos na vida social contemporânea. Mesmo que separações como essa, a rigor, jamais tivessem sido possíveis (a roupa que vestimos sempre foi mais do que uma simples peça destinada a cobrir nossos corpos; sempre os grupos atribuíram sentidos às suas práticas mais prosaicas), é necessário reconhecer que em nossos dias o espaço destinado a significar as coisas não só ampliou-se consideravelmente como adquire cada vez mais uma força maior.

"Imagem é tudo"[7] – esse é o conselho que ouvimos todos os dias: é preciso não apenas ser, mas "parecer ser"; e se não pudermos ser, que nos esforcemos para parecer, e isto até pode bastar, porque cultivar a imagem (de si mesmo, de um produto, de uma ideia) mostra-se como algo tremendamente produtivo. Basta lembrar como ocorrem as campanhas políticas ou as *performances* públicas dos governantes, especialmente num país como os Estados Unidos da América. Evidentemente, acentuar a importância da construção de imagens, de representações, da produção de discursos não exclui as lutas políticas *stricto sensu*, as articulações dentro e fora dos partidos políticos, o envolvimento com questões de ordem econômica e social.

Aquilo que tem sido relacionado comumente à publicidade e ao *marketing* (a capacidade de as imagens "venderem" produtos, ideias e mesmo instituições) talvez possa ser pensado numa dimensão maior. Quando acabamos por consumir um tal produto ou a repetir uma informação ou opinião (a partir de uma conversa rotineira, da leitura de um livro ou de algo visto na TV), possivelmente de alguma forma fomos convencidos de algo, porque as imagens ou as coisas ditas, naquele lugar e através daqueles recursos de linguagem, fizeram sentido para nós, tocaram-nos em nossos desejos, sonhos, convicções políticas ou religiosas, faltas ou aspirações. Talvez simplesmente porque ali nos

---

[7] Uma série de comerciais do refrigerante *Sprite*, aliás, brincou com essa máxima, invertendo-a: "imagem não é nada, sede é tudo". Veja-se como a publicidade é capaz de ela mesma fazer a crítica da sua matéria-prima, a imagem.

reconhecemos, nos sentimos representados e pudemos, num dado momento, conscientemente ou não, dizer: "Sim, é isso aí. É bem isso".

Um comentário sobre o *slogan* "Coca-cola é isso aí" talvez esclareça melhor o que estou querendo afirmar. Para arrematar uma série de imagens de esfuziante frescor e felicidade produzidas pelo anunciante Coca-cola, a frase definitiva do "é isso aí" remete àquilo que seria o supremo ponto de chegada de qualquer mensagem publicitária, talvez de qualquer boa comunicação: que o outro, a quem me dirijo, se reconheça, mesmo que seja para contestar. Favorável ou não ao que lhe é comunicado, o fundamental é que o alvo tenha sido atingido, que tenhamos escolhido muito bem o que Elizabeth Ellsworth chama de "endereçamento"[8]; que, enfim, tenha ocorrido de fato uma interpelação do sujeito, uma mobilização desse outro em direção ao que lhe desejamos dizer.

Em termos mais amplos, igualmente, essa circulação de sentidos corresponde a uma circulação política, econômica e financeira, através das diferentes mídias. Ou seja, os meios de comunicação e informação, junto com a publicidade, estão cada vez mais no centro das atenções; é para eles que se destinam as mais volumosas somas de dinheiro. Como escreve Hall, "hoje a mídia sustenta os circuitos globais de trocas econômicas dos quais depende todo o movimento mundial de informação, conhecimento, capital, investimento, produção de bens, comércio e matéria-prima e *marketing* de produtos e ideias" (1997a, p. 17)

"Desmanchar" os materiais televisivos[9], através de um trabalho pedagógico sério e criativo, significa operar sobre a mídia e a publicidade, dois dos setores que mais crescem na sociedade contemporânea; ou seja, significa

---

[8] Trataremos desse conceito – *modo de endereçamento* – no segundo capítulo, a seguir.

[9] Ao final do capítulo 2, explicito o que significa, operacionalmente, praticamente, "desmanchar" produtos televisivos, no tópico referente à proposta de um roteiro para a análise da TV.

trazer professores, crianças, adolescentes e jovens para uma tarefa de leitura criteriosa da esfera cultural – tarefa que certamente inclui o debate a respeito das formas de controle da sociedade civil sobre aquilo que é produzido e veiculado pela televisão. Operar com esses produtos significa trazer à tona, mais amplamente, o problema da cisão ou da distância entre cultura, sociedade e indivíduo, como nos sugere Teixeira Coelho, que fundamenta sua argumentação no filósofo Habermas e sua teoria da atividade comunicacional:

> Constata-se hoje uma cisão entre as esferas da *cultura propriamente dita* (entendida como estoque total de símbolos e do saber a partir dos quais os membros de um grupo interpretam a si mesmos e ao mundo em que estão), da *sociedade* (vista como conjunto das ordens legítimas por meio das quais os membros de um grupo regulamentam suas relações e asseguram entre si a solidariedade) e da *personalidade* (soma das competências pelas quais um sujeito adquire a faculdade de participar dos processos de intercompreensão e neles afirmar sua própria identidade. (COELHO, 2000, p. 120-121, grifos do autor)

Independente de concordarmos ou não com as definições acima (especialmente a de personalidade que, a nosso ver, mereceria uma ser elaborada mais amplamente), interessa-nos o problema levantado, da relação entre essas grandes instâncias – da cultura, da sociedade mais ampla e das identidades e subjetividades. Afinal, como cada um de nós participa dos processos de produção de sentidos na nossa sociedade? Que distância ou que proximidade há entre os modos pelos quais, por exemplo, as mulheres brasileiras de diferentes posições sociais são mostradas nos comerciais que vendem bombons, sapatos, máquinas de lavar roupa, temperos para a cozinha, computadores ou cerveja? Como se complementam ou entram em choque as conquistas de uma certa sociedade, em termos de suas relações políticas, jurídicas, econômicas, de gênero, geracionais, e as formas de sociabilidade construídas e veiculadas nos espaços da mídia? De que modo os sujeitos individuais se sentem de alguma forma representados ou excluídos nas narrativas televisivas? Essas são perguntas diretamente relacionadas ao que é posto por Teixeira Coelho, e que entendemos ser um problema de primeira grandeza, quando se trata de pensar a televisão num país como o Brasil e, especialmente, quando se trata de imaginar um trabalho efetivo de transformação desse objeto em tema de estudo, no espaço escolar.

Dado o alcance de questões como essa, poderíamos afirmar, sem risco de estarmos cometendo uma injustiça (em que pese a existência de tantos trabalhos pedagógicos já levados a efeito em vários lugares deste país, em escolas públicas ou privadas de vários estados, inclusive com o apoio de universidades e de governos municipais e estaduais), que a escola ainda não está suficientemente instrumentalizada para dirigir-se à "criança telespectadora", para comunicar-se com o adolescente nascido, criado e "alfabetizado" pela TV (sem falar nas outras tecnologias, como o computador, e as respectivas formas de comunicação viabilizadas a partir delas). Como diria a estudiosa Elizabeth Ellsworth, citada anteriormente – referindo-se aos modos de nós, educadores e educadoras, falarmos às crianças e aos adolescentes, aos modos de endereçarmos nossas aulas e nossos currículos – talvez não tenhamos ainda conseguido uma sintonia com esses novos alunos. Ou seja, nosso trabalho talvez não consiga ainda evitar uma série de atritos na comunicação, por não conseguirmos articular uma série de diferenças, vividas não apenas no âmbito cultural e social, mas igualmente no âmbito interno, individual, sobretudo nas formas de sentir prazer a partir daquilo que vemos, ouvimos, daquilo que nos é mostrado e comunicado. Há, portanto, um largo caminho a ser percorrido, no sentido de um trabalho amplo e diversificado sobre as múltiplas relações entre mídia, cultura e sociedade, no espaço escolar.

Sintomas da cultura[10]

Nesta última seção, faço referência a questões que, a meu ver, têm relação direta com o par comunicação/educação e que estão sendo discutidas em diferentes campos do saber e em diferentes práticas sociais, como problemas de primeira ordem na contemporaneidade. São temas que circulam na sociedade e que têm sido preocupação de inúmeros pensadores, psicanalistas e filósofos interessados nos problemas que envolvem as relações entre a cultura e a produção de subjetividades. Falo basicamente das profundas alterações nas esferas do cruzamento entre o público e o privado, alterações que trazem para o centro das atenções alguns temas como: exposição ampla da intimidade, do corpo e da sexualidade; desejo de visibilidade pública, a qualquer preço; dificuldade de estabelecimento de fronteiras entre os espaços privados e os espaços públicos; problemas de compreensão e tratamento das diversidades e das diferenças sociais e culturais, tratadas muitas vezes como um "outro" a normalizar ou a excluir. Mas o leitor ou a leitora poderiam indagar-me: por que tratar desses assuntos justamente neste espaço, em que se discutem as relações entre televisão e educação?

Ora, eu poderia ter escolhido muitos outros temas, tão candentes quanto estes, mas suponho que as questões relativas à exposição desmesurada da vida privada,

---

[10] Retiro essa expressão da estudiosa de cultura e literatura Marjorie Garber, professora Universidade de Harvard, Estados Unidos. Seu livro, *Symtoms of Culture*, reúne dez instigantes ensaios sobre cinema, publicidade, literatura, em que a autora utiliza o termo "sintoma" para além do sentido que lhe é conferido na área médica, mas sem perder esse laço; seu objetivo, a partir do referencial psicanalítico lacaniano, é dissertar sobre as possibilidades de "lermos" a cultura a partir de alguma coisa que "fala" nela, já que os sintomas seriam exatamente "modos de falar". Nesse sentido, sua proposta é ler a cultura como se ela fosse estruturada qual um sonho, qual uma rede de representações, relacionadas a desejos, medos, projeções e identificações, cujos elementos fundam-se em bases bastante concretas, sociais, políticas e econômicas (Cf. GARBER, 1999, p. 8-9).

às alterações profundas no sentido do que entendemos hoje como "público", às lutas e impasses no que se refere às conquistas sociais dos excluídos e dos diferentes, bem como à centralidade do corpo e da sexualidade na cultura contemporânea – são questões que adquirem uma visibilidade impressionante na tela da televisão, naquilo que todos os dias é selecionado como pauta e como modo de narrar a vida e a sociedade, nas telenovelas, nos telejornais, nos debates de programas de auditório, nos inúmeros *shows* em que nossas vidas mais íntimas se expõem sem cuidados nem pudores, sem vergonha e sem qualquer limite. O que proponho, neste momento, é uma espécie de agenda para debate, a respeito desses problemas do nosso tempo, que se poderia fazer a partir dos materiais televisivos, sem deixar de ver tais produtos na sua especificidade, seja como um tipo determinado de linguagem, seja como um modo muito particular de enunciação da cultura. O convite, enfim, é que nós educadores nos aproximemos mais ainda desse objeto, a televisão, apanhando-o efetivamente como objeto cultural, social e político.

A TV e o breve instante de fama da vida privada

"*In the future everybody will be world-famous for 15 minutes*"[11]. A citadíssima frase do artista *pop* norte-americano Andy Warhol, enunciada no final dos anos 60[12], prenunciava por certo a possibilidade de um dia simples mortais, como eu ou você que lê este livro, termos nossos breves minutos de fama, numa meteórica aparição na televisão: num telejornal nacional ou local, num programa de auditório, num debate, num comercial,

---

[11] Literalmente, "No futuro todos terão 15 minutos de fama".

[12] Não se sabe exatamente a data e a ocasião em que a citação foi usada. Sabe-se apenas que apareceu impressa pela primeira vez no catálogo de uma exposição intitulada "Andy Warhol", em Estocolmo, no ano de 1968, pouco tempo depois de ter sido enunciada pelo artista.

no *Show do Milhão* do Sílvio Santos, no espetáculo escatológico do *Programa do Ratinho* (ambos do SBT), no divã da Silvia Popovic (Rede Bandeirantes) ou nos debates eróticos da MTV.

Trago Andy Warhol e sua citação porque penso que esta remete a um conjunto de sintomas da nossa cultura que podem ser objeto da atenção daqueles que se dispõem a estudar as relações entre mídia e educação. Os quinze minutos de fama de Andy Warhol nos falam, em primeiro lugar, da espetacular transformação que experimentamos no que se refere à relação entre os espaços público e privado. Hoje, um dos modos privilegiados de estar no espaço público é estar na mídia, é estar na tela da TV. Mas estar de que modo? Um dos valores maiores é estar lá como destaque, como grande astro, ou então como simples mortal que de alguma forma conheceu o sucesso, a "grandeza", o "heroísmo". Podemos estar em situação de visibilidade na condição mais simplória de nossa vida privada: como simples mortais que somos (na pele de atores que interpretam nossa normalidade ou anormalidade ou na condição de alguém que é chamado a depor sobre seu cotidiano em alguma matéria jornalística sobre nossos prosaicos hábitos de vida), como miséria "real" (visível em matérias que expõem, por exemplo, a fome de uma família do sertão nordestino, a água barrenta que as crianças bebem, as artes de os brasileiros driblarem a morte) ou ainda como privacidade que confunde encenação e "realidade" (possível de encontrar-se em programas como o do apresentador Ratinho, do SBT, ou nos inúmeros *"shows de reallidade"*, como o *Big Brother Brasil*, da Rede Globo).

Em outras palavras: seja como personalidades do *showbizz*, seja em papéis vividos por astros da TV, seja no nosso próprio papel, estamos hoje na TV buscando avidamente a exibição do que é mais pessoal, do que é mais privado e cotidiano, como se pudéssemos colocar sob as luzes e diante das câmeras a verdade mais íntima do ser humano, e nos olhar nela, insistentemente. Os tais quinze minutos de fama chegaram, o futuro prenunciado por Warhol é nosso conhecido, mas certamente tem suas regras. Uma delas é a invasão da intimidade, o olho curioso das câmeras em direção ao que, até pouco tempo, permanecia ou deveria permanecer reservado a muito poucos, ou somente a cada um de nós, entre quatro paredes. O apresentador Jô Soares, por exemplo, hoje na Rede Globo, já não consegue conduzir seu *talk show* sem pontuá-lo, do começo ao fim, com perguntas, respostas, informações, piadas, diálogos sobre curiosidades íntimas, seja dos entrevistados, seja da plateia, seja dos espectadores que se comunicam com o programa. Uma entrevistada que ali já chega na condição de espetáculo deverá também e necessariamente submeter-se à exposição da intimidade; poderá até resistir, mas o certo é que será chamada a isso e o público, formado na esteira desse modo de narrar a nós mesmos pela TV, tenderá a desejar que assim seja[13].

Para Jean Baudrillard, a proliferação de programas que, nas televisões de todo o mundo, colocam na vitrine a vida privada e a intimidade sexual pode ser entendida como o desejo do "espetáculo da banalidade". Esse seria a verdadeira pornografia, a verdadeira obscenidade: querer intensamente ver nossa própria nulidade, nossa própria insignificância. "No momento em que a televisão e a mídia são cada vez menos capazes de prestar conta dos fatos (insuportáveis) do mundo, elas descobrem a vida cotidiana, a banalidade existencial como o acontecimento mais mortífero, como a atualidade mais violenta, o próprio local do crime perfeito. O que é, na verdade. E as pessoas ficam fascinadas, fascinadas e aterrorizadas pela indiferença do nada-a-dizer, nada-a-fazer, pela indiferença da própria existência" (BAUDRILLARD, 2001, p. 12).

---

[13] Foi o que aconteceu a uma senhora de 60 anos, caminhoneira, constrangida a responder sobre possíveis encontros amorosos nos motéis de estrada (em entrevista concedida ao apresentador, no seu último ano no SBT, no programa *Jô Soares Onze e Meia*).

Vários autores, clássicos como Hannah Arendt (2000) e, mais recentemente, entre nós, Jurandir Freire Costa (1999) e Sergio Adorno (1999) discutem a tendência acentuada em nosso tempo de politizar (no sentido de trazer a público) a vida privada e de privatizar o que classicamente seria da vida pública (em nossos dias, opções políticas, por exemplo, tendem a constituir-se mais um problema de consciência individual do que de debate público, como bem analisa Sergio Adorno). Os espaços privado e público passam a fazer parte um do outro, o que por si só nos confunde e até desnorteia. Um dos mais brilhantes escritos sobre o tema é o Capítulo II do livro *A condição humana*, de Hannah Arendt, intitulado justamente "As esferas pública e privada", em que a pensadora faz uma história das transformações desses conceitos e dessas esferas da vida dos homens, desde os gregos e romanos clássicos até nossos dias. Com ela aprendemos, por exemplo, que o termo "privado" significava literalmente "um estado no qual o indivíduo se privava de alguma coisa"; no caso, entre os gregos, aquele que não participava da esfera pública estava "privado" de algo absolutamente essencial e, como tal, não poderia considerar-se "inteiramente humano" (ARENDT, 2000, p. 48). Curiosamente, era na esfera pública que os homens expunham sua individualidade, suas capacidades pessoais de agir publicamente.

Hoje, a crescente valorização da vida privada corresponde não só à exacerbação do individualismo, como expõe a grande cisão e até mesmo oposição entre a esfera privada, de um lado, e as esferas social e política, de outro. Considerando a ação dos meios de comunicação, nesse sentido, poderíamos apontar para uma série de problemas novos, produzidos justamente pela volúpia da exposição do privado, sem nos darmos conta, como escreve Arendt, da impossibilidade real de comunicar por completo o que é da ordem do íntimo (o sentimento mais genuíno da solidão, por exemplo), a qual é acompanhada de uma necessidade aparentemente contraditória de sermos ouvidos e vistos no espaço público, já que isso garante para nós a condição de sermos "realidade" (ARENDT, 2000, p. 60). Que é feito de nossos sentimentos, num tempo em que eles "precisam" tão avidamente ser plenamente falados e expostos? Que encanto extraordinário tem a esfera pública midiática, a ponto de por ela nos desfazermos de nossa intimidade? Para Hannah Arendt, essa ampliação da esfera privada não a transforma em pública, pelo contrário, significa que a esfera pública refluiu e também que estar na companhia uns dos outros parece ter perdido força, ficamos cada vez mais "privados" de ver e ouvir profundamente os outros, prisioneiros que somos de nossas subjetividades.

Em outro texto[14], lembrei Julia Kristeva e seu livro *Les nouvelles maladies de l'âme* (*As novas doenças da alma*), na qual a psicanalista e semióloga pergunta se não estaríamos vivendo hoje uma espécie de redução da nossa vida interior, justamente porque intermitentemente estamos sendo imaginados por outros que não nós: os comerciais se encarregam, por exemplo, de imaginar situações de sonho ou de humor ou de agressividade por nós mesmos; a TV, a todo o momento, expõe imagens que de certa forma se apropriam de nossas angústias e desejos, às vezes com tal intensidade que até mesmo se poderia dizer que confunde o sentido que cada um de nós daria a essas mesmas angústias e desejos. Para a psicanalista Kristeva, é possível pensar que, enredados em tantas e tão frequentes imagens, nossa própria vida psíquica poderia sofrer um bloqueio, inibir-se de tal forma que viveríamos hoje uma dificuldade muito grande de "representar a nós mesmos" (Cf. KRISTEVA, 1993, p. 9 e ss.). Talvez isso explique por que desejamos tanto ver a intimidade do outro na TV.

---

[14] "Mídia e produção do sujeito: o privado em praça pública". In: FONSECA, Tânia Mara Galli e FRANCISCO, Deise Juliana. (Orgs.). *Formas de ser e habitar a contemporaneidade*. Porto Alegre: Ed. UFRGS, 2000, p. 109-120.

A dificuldade de viver nossa privacidade, de ficar talvez no silêncio de nós mesmos, nos impele para o íntimo do outro, como se nele buscássemos o que perdemos. O trabalho terapêutico proposto pela autora (que eu associo a um urgente e necessário trabalho pedagógico) é justamente o de provocar nas pessoas a imaginação, a imaginação de si mesmo e também a imaginação e a abertura em relação ao outro, daquele que é diferente de nós. Maria Rita Kehl (1995), no texto "Imaginário e pensamento", recorre a Walter Benjamin para sugerir que pais e educadores (e todos nós) recuperemos a preciosidade da insubstituível e genuína experiência que podemos viver conosco mesmos, com os outros e até com a própria televisão, na medida em que a usemos simultaneamente como matéria de fruição e pensamento.

Os "outros" da TV e da publicidade

A diferença, termo que hoje adquire tanto relevo em diversos campos do conhecimento, espaços educacionais, práticas políticas, movimentos sociais, é um tema que me parece extremamente rico de ser estudado neste contexto, na medida em que prestamos atenção às formas de visibilidade que adquirem na TV as lutas de diversos grupos sociais (*gays*, negros, mulheres, crianças marginalizadas, grupos musicais como os *rappers*, pessoas gordas, idosas, e assim por diante). De que modo as telenovelas, os anúncios publicitários, os telejornais e documentários, os programas de auditório apresentam, tratam e discutem essas diferenças? Lembro aqui um documentário do GNT sobre televisão[15] em que é reportada uma campanha dos anos 80, da empresa MacDonald's, nos Estados Unidos, cujo foco eram as meninas, adolescentes e jovens. No memorando da empresa, enviado à produtora da peça publicitária, os executivos eram bem claros em afirmar que não desejavam

---

[15] O documentário, intitulado "Controle Remoto", pertence à série *Signal to noise*, toda dedicada ao tema da televisão.

ver no anúncio a típica garota norte-americana, loura, de sardas e olhos azuis. Queriam "a diferença": a menina de olhos amendoados, a jovem negra, os olhos escuros, o cabelo crespo. Eram esses os alvos, era a diversidade que se queria contemplar. Mas, como escreve o executivo, sem esquecer que o MacDonald's é a "cara" daquele País, tanto quanto a tradicional torta de maçã (*apple pie*).

Ora, as lutas em torno da afirmação das diferenças, como vimos no exemplo acima, de algum modo chegam à TV, estão nela e nesse espaço aparecem segundo a lógica do meio, replicando o que circula na sociedade mais ampla. Concordo com o estudioso Carlos Skliar, quando este afirma que há que se compreender as diferenças para além de uma tolerância com as pluralidades ou as diversidades culturais, uma vez que "as diferenças são sempre diferenças" e, como tal, constituem-se fundamentalmente como fato político, são diferenças políticas, diferenças que "não são facilmente permeáveis nem perdem de vista suas próprias fronteiras"; daí que existem independentemente de serem ou não aceitas ou de que algum poder as nomeie como aceitáveis ou "normais" (Skliar, 1999, p. 22-23). Elas existem e se afirmam em lutas muito concretas. Por isso, torna-se indispensável pensar o conceito de diferença do ponto de vista político e social, em relação a tempos e sociedades muito específicas, constituídas em um campo de lutas que sempre envolvem exclusões e questões de injustiça social e econômica (Cf. Pinto, 2001).

O importante aqui é acentuar que todas essas questões em torno do tratamento das diferenças estão também relacionadas a modos de representação, de enunciação, a formas de interpretação e de comunicação. Ou seja, há uma imensa responsabilidade dos meios de comunicação, particularmente da TV, que aqui nos interessa, no que se refere aos modos de nomear os diferentes. Na ordem do simbólico televisivo, de que modo um grupo como os sem-terra é nomeado? E as adolescentes de periferia? E os jovens drogados? E a mulher dona de casa? E os portadores de alguma deficiência? E a professora do sertão nordestino? Em que medida todos esses diferentes são tratados como diferença a ser excluída ou normalizada; ou então, numa outra perspectiva: em que medida esses "outros" ganham visibilidade como diferença a ser reconhecida socialmente?[16]

Chamo a atenção, portanto, para duas operações distintas: a operação da mídia, em relação à nomeação das diferenças, e a operação do educador que se debruça sobre os materiais dos meios de comunicação, tomando-os como objeto de pesquisa para sua prática diária com crianças, adolescentes e jovens. As imagens da TV tendem a fixar determinadas "verdades", determinados conceitos universais como, por exemplo, os de prostituta, de adolescência, de sexualidade jovem, de beleza feminina, de virilidade, de classe trabalhadora e assim por diante. Haveria a meu ver um trabalho riquíssimo a ser feito no espaço escolar, no sentido de mergulhar nessas imagens e procurar desnaturalizar aquilo que já se tornou corriqueiro, senso comum (professor "é assim," criança "gosta disso", adolescentes "precisam daquilo" ou "agem sempre assim"), em relação às nossas habituais classificações e marcações do social. Numa outra direção, mas dentro do mesmo objetivo, imagino um trabalho pedagógico extremamente produtivo, a partir do qual sejam comparados diferentes produtos audiovisuais (vídeos, filmes, programas de televisão), identificando aqueles que procuram fixar sentidos sobre modos de ser e aqueles que se mostram mais "abertos", menos maniqueístas ou manipulativos, digamos assim, na marcação das diferenças. Por exemplo o programa (ou o filme) de Guel Arraes, baseado na obra homônima de

---

[16] Trato desse tema no artigo "Mídia e educação da mulher: sobre modos de enunciar o feminino na TV" (*Revista Estudos Feministas*. Florianópolis, SC, v. 9, n. 2, p. 586-599, 2001).

Ariano Suassuna, *Auto da compadecida*, se comparado à *Escolinha do Professor Raimundo* (ambos da Rede Globo) ou ao *Programa do Ratinho* (SBT), poderia oferecer um excelente debate sobre modos de narrar grupos das camadas populares brasileiras.

Por outro lado, cabe referir ainda que o conceito de diferença nas várias estratégias de produção e veiculação de materiais televisivos, mais especificamente no discurso publicitário, tem sido sistematicamente associado à ideia de novidade. Atores-modelos ou modelos-atores, só para citar um exemplo bem simples, são apresentados ao público das telenovelas como novas promessas do meio artístico; porém, a maioria desaparece com a mesma rapidez com que surgiu nas telas ou nas páginas dos cadernos e revistas de televisão. Da mesma forma que a TV e seus públicos consomem essas novidades, a publicidade nos ensina que haverá sempre algo diferente a desejar e a buscar nos tantos produtos oferecidos para compra. Em nosso cotidiano pautado pela publicidade, de certa forma, estamos escolhendo entre objetos diferentes, mas que são, paradoxalmente, sempre os mesmos. Ora,

> são as pequenas diferenças o que promove uma espécie de jogo entre a economia mercantil e a economia libidinal, num processo em que o discurso publicitário, a seleção de determinadas imagens e palavras, frases melódicas ou cores tem o papel fundamental de nos fazer desejar e consumir o diferente, de produzir em nós o prazer e o envolvimento, fatores fundamentais para nossas decisões cotidianas de compra. (FISCHER, 1999b, p. 22)

Meu propósito, ao trazer tal discussão sobre TV e diferença, neste espaço, é convidar o leitor e a leitora a examinarem as amplas possibilidades que se abrem quando tomamos a TV como objeto de estudo e, nesse caso, considerando as breves e limitadas discussões sobre o que aqui estou chamando de "sintomas da cultura".

Com estas reflexões permito-me estabelecer uma relação entre os modos de o mercado funcionar – no sentido de oferecer continuamente o "novo", o acréscimo de pequenas "diferenças" que justifiquem a compra e a venda de determinado produto – e a compreensão que a mídia tem veiculado a respeito de complexas lutas sociais em torno da afirmação política de minorias, grupos excluídos etc. Afirmada a relação, pergunto: em que medida os diferentes não seriam tratados, muitas vezes, como meros detalhes, simples novidades, no conjunto da programação ou mesmo no roteiro de uma telenovela, a qual continuará nos narrando a mesma história de ricos que encontram e amam personagens pobres (e vice-versa), ou trajetórias meteóricas e simplórias de sucesso individual? Ao mesmo tempo, e apesar dessa repetição do mesmo, não haveria algumas conquistas significativas no que se refere à visibilidade pública desses grupos e minorias, nomeados nesses mesmos lugares? O interessante é analisar essa complexidade, esses movimentos da cultura, que ora cristalizam diferenças a excluir, ora as colocam na vitrine e permitem que de alguma forma elas se tornem "reais" para a sociedade, como efetivo avanço político.

Acrescento uma última indagação a respeito do tema das diferenças, articulando-o ao que vimos no tópico acima sobre os quinze minutos de fama de Andy Warhol: não estaríamos aprendendo, particularmente nos espaços da mídia, a fugir dos diferentes e de nós mesmos, ocupados que ficamos com deuses efêmeros, histórias de mulheres e homens que se tornaram famosos nas telas da TV, em quem por vezes nos espelhamos, de cuja vida tanto queremos saber, atores e atrizes que muito rapidamente são reconhecidos como "grandes", desportistas que imediatamente são chamados de "heróis" (tenham eles verdes 20 ou 30 anos de idade)? Que grande temor é esse de olhar atrás da cortina do Mágico de Oz, e contemplar o pequeno homem? E se tivéssemos, nós mesmos, três metros de altura, como lembrou José Saramago[17], e pudéssemos ser "mais"? O estudo dos "outros" através das imagens da TV encerra um belo trabalho educativo, tenho certeza disso.

Corpo e sexualidade: a telinha não vive sem eles

O centro da discussão, nesses tópicos sobre a TV e os sintomas da cultura, é sem dúvida o tema das relações entre o público e o privado. Falar dos diferentes é falar de identidades, de subjetividades, mas é também e principalmente falar de lutas políticas, de conquistas de grupos no sentido do reconhecimento nos espaços públicos. Por outro lado, tratar do desejo narcísico de estar nas telas da TV (e, se possível, expandir a própria voz nos microfones da grande emissora), tratar do empobrecimento das relações privadas e buscar avidamente a intimidade do outro nos meios de comunicação – tudo isso nos faz retornar ao ponto nodal deste texto sobre a TV que olhamos e a TV que nos olha: as relações entre espectadores individuais, pessoas de carne e osso, de diferentes grupos sociais, com esse objeto, a televisão, no amplo espaço público da cultura de nossa época. Para encerrar, focalizo a atenção num outro sintoma cultural: a centralidade do corpo e da sexualidade nos produtos midiáticos – tema que não se separa de toda a discussão até aqui feita.

Talvez fosse possível dizer que há uma sintonia, um casamento perfeito entre corpo e TV. Por quê? Naquela pequena tela (hoje bem maior, é verdade), o primeiro plano é fundamental; melhor ainda se for o detalhe. Ou seja, quase que simultaneamente à histórica transformação do corpo, hoje compreendido por muitos pensadores como o grande

---

[17] O escritor José Saramago, em sua Aula Magna na Universidade Federal do Rio Grande do Sul, quando recebeu o título de Professor Honoris Causa, dia 26 de abril de 1999, referindo-se aos modos pelos quais social e historicamente vimos sendo "amputados", impedidos de ser, propôs que nossa resistência talvez seja imaginar que cada um de nós tem, na verdade, "três metros de altura", que podemos desejar mais, ir além; que, afinal, há algo acima, além, dê-se a isso o nome que se quiser dar.

lugar de identidade pessoal, vemos nascer e desenvolver-se a televisão, em cuja tela produtores, atores, roteiristas, cinegrafistas registram imagens que habitam nossas residências, os lugares mais íntimos do nosso cotidiano, justamente expondo, entre outras, a imagem do corpo humano em seus mínimos detalhes.

É pela TV que podemos assistir, por exemplo, a um torneio de tênis, acompanhar a vibração dos corpos dos tenistas, o som das raquetes no silêncio das quadras, a crispação dos músculos das pernas ou dos braços, o suor dos rostos, o grito em eco, a expressão da dor ou da máxima felicidade da vitória nos rostos dos jogadores. É esse meio que nos permite assistir a jogos olímpicos, em que a centralidade são os corpos, os corpos e seus limites, os corpos e a ultrapassagem desses mesmos limites. A ginasta olímpica dança diante de nossos olhos, no solo, nas barras; o nadador mergulha e respira e avança, diante de nosso prosaico sofá na sala de jantar.

Se há toda a poesia possível dos corpos na TV, é bem verdade que esse mesmo meio também se presta a impedir, por vezes, que tal beleza possa ser usufruída; falo aqui do reinado do *zapping*[18], da velocidade, da impossibilidade quase doentia de permanecer um pouco mais num só ponto, de assistir ao movimento completo, de permitir o prazer sem a passagem violenta para o "novo", sem a escolha do movimento pelo movimento. Quem não lembra da sofreguidão com que os diretores de TV "cortam", interrompem (para buscar outra imagem), o movimento mais precioso do passista da escola de samba, a sublime evolução da porta-bandeira e do mestre-sala nos desfiles

---

[18] No capítulo a seguir, tratarei mais detidamente da técnica de "zapear" ou *zapping*, nascida do uso do controle-remoto, que se transformou numa espécie de recurso da linguagem televisiva. A estudiosa argentina Beatriz Sarlo trata com muita propriedade desse tema no capítulo "O sonho acordado" do livro *Cenas da vida pós-moderna*. Intelectuais, arte vídeo-cultura na Argentina (Ver Referências Bibliográficas).

do sambódromo, no Rio de Janeiro, todos os anos, nos tantos fevereiros deste Brasil?

Então, que outros corpos ou que outros movimentos dos corpos merecerão a glória e a honra das câmeras de TV? Como exemplo, podemos ficar ainda no desfile das escolas de samba: o corte rápido, de quem não suporta ficar no espetáculo dos passistas, pode dar lugar à imagem de um rosto famoso nos mandando beijos do alto de um carro alegórico ou, mais repetidamente, do corpo esculturado e nu da modelo ou da atriz da TV. O espetáculo dos corpos, que atinge o máximo de visibilidade em eventos como o desfile de carnaval ou os jogos olímpicos, cada um a sua maneira e com sua doação de poesia ou de frustração ao espectador, na realidade é presença fundamental no cotidiano televisivo sob as mais diferentes formas. O que importa aqui é assinalar que a extrema publicização da privacidade, da qual falamos anteriormente, tem na exposição do corpo e, igualmente, da sexualidade, sua mais efetiva realização, especialmente no espaço televisivo.

Como escrevi em outro texto (FISCHER, 1999a), hoje não haveria praticamente um lugar, um dia de nossas vidas em que não sejamos chamados a cuidar de nosso corpo ou a olhar para nossa própria sexualidade. Os imperativos da beleza, da juventude e da longevidade, sobretudo nos espaços dos diferentes meios de comunicação, perseguem-nos quase como tortura: corpos de tantos outros e outras nos são oferecidos como modelo para que operemos sobre nosso próprio corpo para que o transformemos, para que atinjamos (ou que pelo menos desejemos muito) um modo determinado de sermos belos e belas, magros, atletas, saudáveis, eternos. Da mesma forma, somos chamados compulsivamente a ouvir e a falar de sexo e sexualidade, como se ali estivesse toda a nossa verdade como sujeitos. Veja-se a proliferação de programas de entrevistas, só para ficar numa modalidade, em que o assunto é nossa intimidade amorosa, nossa dificuldade de realização sexual, nosso modo de buscar prazer, nossa verdade mais escancarada sobre aquilo que, talvez, não cesse de ser construído como segredo, por mais que seja falado[19].

Sem deixar-me alongar neste assunto, diria que, ao tomar a TV como objeto de estudo, um dos temas imprescindíveis é justamente o da normalização de nossos corpos e mentes, de nossa sexualidade. Tal normalização é experimentada a partir de ensinamentos a que temos acesso cotidianamente e que funcionam pela redundância, pela possibilidade tecnológica quase infinita de a informação fazer-se outra e sempre a mesma, dirigida a pessoas cada vez mais ávidas de repetirem para si mesmas que um dia, quem sabe, viverão melhor, serão mais felizes, estarão mais bonitas, poderão viver mais livremente e com mais prazer sua sexualidade. Porém, cabe lembrar: como o futuro das delícias está na distância, talvez o presente possa tornar-se angustiado, ansioso, eufórico, desesperançado; sendo assim, convém então

> entregar-se ao prazer de pelo menos desejar-se belo e jovem, eternamente, ou então de satisfazer-se com uma sexualidade prolixamente declarada, mesmo que isso nos custe muito de nossas vidas, mesmo que isso nos faça sentir-nos sempre em débito com um prazer na verdade mais idealizado do que vivido, e com uma imagem e um corpo que não sabemos, não podemos ou não conseguimos alcançar. (FISCHER, 1996, p. 88)

Se é verdade que os discursos sobre como devemos proceder, como devemos ser e estar nesse mundo, o que fazer com cada parte de nosso corpo, o que fazer com nossa sexualidade, produzem-se e reproduzem-se nos diferentes campos de saber e práticas sociais, talvez se possa afirmar,

---

[19] Sobre o tema da verdade do sujeito em relação à sua sexualidade, uso aqui conceitos de Michel Foucault (nos três volumes de sua *História da sexualidade*: *História da sexualidade I*: a vontade de saber, *História da sexualidade II*: o uso dos prazeres e *História da sexualidade III*: o cuidado de si) – tema sobre o qual escrevi no artigo "Foucault e o desejável conhecimento do sujeito" (Ver Referências Bibliográficas).

sem incorrer em exagero, que adquirem uma força particular quando acontecem no espaço dos meios de comunicação. Assim, todas as "dicas" médicas, psicológicas ou até de ordem religiosa ou moral, comunicadas através de inúmeros especialistas de todos esses campos do conhecimento, a respeito daquilo que devemos fazer com nosso corpo e nossa sexualidade, ao se tornarem presentes no grande espaço da mídia, não só ampliam seu poder de alcance público como conferem à própria mídia, ao próprio meio, um poder de verdade, de ciência, de seriedade.

O trabalho educativo, a partir dessas considerações sobre TV e cultura, TV e nomeação da privacidade, TV e modos de sermos corpos, sexualidades e "sujeitos" hoje, vê-se diante de novas exigências, por parte de seus agentes, professores e alunos: exigências de mergulhar no universo da produção de significações, o que implica mergulhar também no estudo e compreensão de lutas sociais e políticas muito específicas, relacionadas à afirmação de identidades e diferenças, bem como ao complexo cruzamento entre o político e o psicológico, entre o social e o individual.

Espero, afinal, ter conseguido nestas páginas tratar da televisão como acontecimento, como prática social, ao mostrar o quanto produzir TV, veicular programas, imaginar formas de dizer algo ao público, experimentar o cotidiano de consumir imagens, divertir-se, passar o tempo, informar-se diante da pequena tela – são todas práticas relacionadas a processos de produção de sentidos na sociedade. Apropriar-se desse meio, estudar suas estratégias de endereçamento, de criação de imagens e sons, compreender a complexa trama de significações que aí estão em jogo – acredito que seja essa uma tarefa eminentemente educativa, pedagógica, no melhor sentido desse termo.

Aprender a linguagem da televisão – como veremos no capítulo a seguir –, penetrar nos curiosos caminhos da produção de imagens, na lógica dos textos publicitários, na construção das narrativas dramáticas das telenovelas, nos modos de elaboração de um telejornal, por exemplo, adquire uma importância fundamental, quando passamos a discutir a televisão como prática social e cultural, como prática de produção social de sentidos. Tornar a TV objeto de estudo significa adentrar esse mundo da produção de significações, através do estudo de uma linguagem específica, da análise de um meio de comunicação que se tornou para nós, especialmente para nós, brasileiros, absolutamente imprescindível, em termos de lazer e informação. Eu diria até mais: que o domínio dessa linguagem e dos processos comunicacionais que ocorrem por parte dos diversos e distintos públicos, em relação com os também diferentes produtos televisivos, é a meu ver elemento dos mais importantes no aprendizado de uma cidadania cultural. Ou seja, aprender a lidar com esses artefatos da nossa cultura, investigando a complexidade dos textos, sonoridades, imagens, cores, movimentos que nos chegam cotidianamente através da TV, é também aprender a lidar com um jogo de forças políticas e sociais que ali encontram espaço privilegiado de expressão.

CAPÍTULO II

As imagens e nosso olhar atento: com que linguagens opera a TV?

"Penetra surdamente no reino das palavras. Lá estão os poemas que esperam ser escritos" – sugeriu Drummond. Tomo a liberdade de roubar esses versos do grande poeta para sugerir um mergulho no reino das imagens e sons da TV, em busca de narrativas que esperam para ser reinventadas, de ideias que aguardam serem pensadas, em suas "mil faces secretas sob a face neutra"[1]. Aproveito a "deixa" de Drummond e convido leitores e leitoras a pensar o seguinte: o simples olhar que depositamos sobre as imagens carrega sempre a possibilidade de fazer algo com elas. O prazer ou a revolta ou qualquer outro sentimento ou informação que a TV nos proporciona emerge exatamente porque agimos sobre os textos e imagens dessa mídia e, simultaneamente, porque nos dispomos a recebê-los. Eleger a TV como material de estudo na educação tem também esse sentido, de ir além, além de nossas cotidianas e mínimas ações sobre as imagens, mas sempre respeitando-as, partindo delas, a fim de dinamizar e multiplicar o vivido, experimentar com fruição e pensamento todos esses artefatos culturais que olhamos e que nos olham. Dando continuidade à discussão feita anteriormente, o objetivo deste capítulo é tratar da linguagem ou das linguagens da TV, basicamente da linguagem audiovisual (que lhe é inerente), persistindo

---

[1] Poema de Carlos Drummond de Andrade, "Procura da poesia", da obra *Rosa do povo* (Rio de Janeiro: Record, 1989).

no cuidado de não separar forma e conteúdo, emissor e receptor, imagem e ideia, meio e mensagem – pares tantas vezes entendidos e usados isoladamente ou, o que é pior, vistos em sua mútua e estanque oposição.

Em outras palavras, vou tratar aqui de um conjunto de elementos relativos à produção e veiculação de materiais televisivos, centrando a atenção nas estratégias de elaboração desses produtos, na sua condição de artefatos produzidos com os numerosos recursos da linguagem audiovisual e destinados basicamente a comunicar algo a alguém. Mais do que isso: se estamos pensando a TV do ponto de vista educacional, o objetivo deste texto se amplia para não apenas estudar aspectos de linguagem, mas para compreendê-los como modo instigante de produzir algo para além deles. Ou seja, o objetivo aqui é ampliar nossa compreensão sobre as formas concretas com que somos diariamente informados, os modos como nossas emoções são mobilizadas, as estratégias de construção de sentidos na TV, sobre a sociedade mais ampla, a vida social e política deste País, comportamentos e valores, sentimentos e prazeres.

Igualmente, a proposta é que as questões aqui sugeridas contribuam, modestamente, para aprendermos a selecionar com acuidade imagens e narrativas e, sobretudo, a fruí-las intensamente. Fazer algo com as imagens talvez seja mesmo próprio do olhar, como nos diz a filósofa Marilena Chauí, a respeito do trabalho dos artistas:

> Janela e espelho: os pintores costumam dizer que, ao olhar, sentem-se vistos pelas coisas e que ver é experiência mágica. A magia está em que o olhar abriga, espontaneamente e sem qualquer dificuldade, a crença em sua atividade – a visão depende de nós, nascendo em nossos olhos – e em sua passividade – a visão depende das coisas e nasce lá fora, no grande teatro do mundo. (CHAUÍ, 1998, p. 34)

Ver e olhar, de um modo geral, ou especificamente estar diante da TV, olhar suas imagens pode significar uma série muito ampla de ações e objetivos: posso olhar para obter conhecimento, para ter notícia de alguma coisa, para observar como algo acontece, para reproduzir ou imitar um gesto ou simplesmente para me distrair com o que vejo. Esse ato pode relacionar-se ao fato de que se joga luz sobre algo ou sobre uma pessoa, que passam a ser por nós "vistos" (no caso da TV, aliás, a tela também joga luz sobre nós mesmos, sobre nossos rostos, sobre o lugar de onde olhamos). O ato de ver algo igualmente pode remeter a um espetáculo a que assistimos, a uma festa pública, ou então ao desfile de pequenos ou grandes acontecimentos, de pequenos ou grandes astros, homens e mulheres que aprenderam a de alguma forma a brilhar, disponíveis constantemente a serem vistos. Num outro sentido, não menos importante, podemos exercitar apenas o olhar não exatamente contemplador ou maravilhado, mas o olhar atento, aquele que se faz "com propósito e desígnio", como escreve Marilena Chauí (Idem, p. 37). Ou seja, toda essa reflexão filosófica sobre o ato de olhar remete a um trabalho possível (e necessário) em relação a ultrapassar as chamadas evidências, a ir além do que nos é dado ver de imediato – justamente porque sempre olhamos de algum lugar, a partir de um ponto de vista intuído, exercitado ou aprendido.

Ao transformar a TV em objeto de estudo, estamos propondo a compreensão de que nosso olhar e o mundo não se separam, assim como ocorre com as palavras e as coisas. Um está no outro. Umas estão nas outras. Não há jamais correspondência plena entre o que vemos e o que imaginamos que vemos, sejam objetos próximos a nós, e que enxergamos a olho nu, sejam núcleos de células observados por sofisticados microscópios, sejam imagens da TV que nos informam ou que nos confortam, nesse cotidiano de incessante produção de imaginários e sentidos. "As coisas são configurações abertas que se oferecem ao olhar por perfis e sob o modo do inacabamento, pois nunca nossos olhos verão de uma só vez todas as suas faces" (idem, p. 58). Os exemplos disso são muitos, e cada um saberá encontrar os seus. Podemos contemplar inúmeras vezes a mesma escultura ou uma bela paisagem de algum canto deste mundo, e sempre teremos deixado de ver alguma coisa nelas, sempre teremos algo novo a dizer daquilo que elas nos dizem.

Obviamente, quando se trata não de imagens de lugares especiais ou das chamadas obras de arte, mas de imagens corriqueiras do cotidiano, ou mesmo de imagens dos meios de comunicação, nosso olhar está sendo solicitado numa situação bem distinta: aquele objeto ou aquela cena (o sofá de nossa sala de estar ou, quem sabe, o diálogo e o beijo do par romântico na telenovela) habitam tão repetidamente nossas vidas que ocorre uma espécie de desatenção necessária com relação a eles (caso contrário, estaríamos sempre observando e perscrutando cada coisa com nosso olhar atento, o que seria completamente absurdo e insano). De qualquer forma, penso que o trabalho pedagógico se insere justamente aí: como exercício de selecionar determinados objetos – no caso, a televisão e seus produtos – e de transformá-los em documentos para fruição, investigação e pensamento, retirando-os por instantes daquele conjunto de objetos que olhamos "quase sem olhar". Para quê? Em primeiríssimo lugar, para "colocar em ato" as múltiplas possibilidades de nosso olhar e daquilo que nos olha.

Já vimos que esse processo todo de ver e produzir imagens, no caso, imagens televisivas, existe como prática social, imerso que está em uma dinâmica econômica, política e cultural. E existe como uma linguagem do nosso tempo, como um modo de produzir, criar, imaginar, narrar histórias, sonoridades, cores, figuras, personagens, notícias. Também, certamente, como um modo de ensinar, vender ideias e produtos, convencer, sensibilizar, convocar. Interessa-me, neste capítulo, discutir formas de abordagem pedagógica da linguagem audiovisual, contemplando a complexidade da televisão nos seguintes aspectos: a caracterização e as respectivas implicações educacionais da imagem audiovisual eletrônica; a complexa produção de imagens na cultura; a palavra e a ação na tevê; a relação entre os produtos e seus públicos; discurso e representação na mídia televisiva. Ao final, e com base em toda a discussão feita neste livro, apresento no último item deste capítulo uma proposta de análise de produtos da TV.

A imagem audiovisual eletrônica

Começo por um detalhe técnico, no qual não vou estender-me muito, por já ter sido exaustivamente tratado em algumas obras importantes sobre televisão, como *A arte do vídeo*, de Arlindo Machado, a que já me referi neste livro. Recorro mais uma vez a esse autor para sublinhar que as imagens da TV e do vídeo precisam antes de mais nada ser tratadas como imagens eletrônicas que são: elas traduzem um certo campo visual, um objeto, uma cena, uma paisagem, para sinais de energia elétrica, o que só é possível porque a imagem original foi completamente retalhada, dividida, em linhas que serão "varridas" por um feixe de elétrons. Que importância tem isso para nós? Ora, essa trama reticulada, esses milhares de pontos de luz que preenchem a tela (cerca de 250 mil), compondo 500, 600 ou, hoje, com a TV de alta definição, quase 2.000 linhas que se vão compondo continuamente diante de nós (basta rapidamente fazer a experiência de chegar bem perto da telinha, para constatar o que digo), requerem um trabalho contínuo do espectador, daquele que olha. Cada um de nós, de certa forma, opera sobre esses milhares de pontos, participando do desenho daquelas imagens, completando-as, construindo a linha imaginária que liga aqueles pontos. Há o convite, portanto, a um primeiro e concreto "envolvimento" do espectador.

No célebre livro *Os meios como extensões do homem*, o canadense Marshall Mcluhan (1974) – chamado o "papa da comunicação" nos idos de 60 – compara as imagens da TV a verdadeiros mosaicos bizantinos que incitam nosso olhar como se apalpássemos aqueles "grãos". Arlindo Machado lembra em seu livro o quanto inúmeros artistas plásticos do final do século XIX e início do século XX, como o pintor Georges Seurat[2], de certa forma já anunciavam a plástica do processo televisual, utilizando não mais a pincelada mas pequenos pontos coloridos. "Ora – continua Machado, a respeito da obra de Seurat –, a imagem da televisão não faz senão automatizar a técnica constitutiva dessa pintura. Também ela dissolve a figura numa chuva de retículas e depois pede o concurso do espectador para realizar a operação final de combinação desses estilhaços de imagem numa *Gestalt* inteligível" (idem, p. 45, grifo meu).

Por apresentar-se numa tela pequena, vista necessariamente a uma certa distância (caso contrário, de perto veremos apenas uma chuva de linhas luminosas), a imagem eletrônica pede, tecnicamente, a exposição do fragmento, dos primeiros planos, os detalhes – que são selecionados pelos cinegrafistas, diretores e produtores, para dar conta de um todo, de algo que se quer narrar, mas que quase nunca poderá ser mostrado, digamos, de uma só vez. Lembre-se aqui de como é narrada uma telenovela quanto ao tipo de planos: as sequências são feitas entremeando-se brevíssimos momentos de imagens panorâmicas, de uma cidade, de uma paisagem, de uma rua ou de uma praça, para imediatamente dar lugar a um plano bem próximo, em que corpos, rostos, vozes serão captados em seus detalhes. Estes é que reinam na tela da TV. Por sua vez, documentários, *talk shows* (programas de

---

[2] No livro de Arlindo Machado há a reprodução de uma da obras desse pintor, *Modelo Sentado de Perfil*, de 1887, que exemplifica bem a escolha do ponto como "célula constitutiva da imagem" (MACHADO, 1988, p. 45).

entrevistas), telejornais, programas de debate, inclusive comerciais – todos eles utilizam invariavelmente as *talking heads* (cabeças falantes, os conhecidos apresentadores, mostrados da cintura para cima), "imagem que é uma espécie de protótipo da mídia eletrônica", como escreve Machado (idem, p. 49). Ele continua:

> Além disso, a *talking head* fala diretamente ao espectador, crava-lhe os olhos, pressupõe a sua presença, ao contrário da narrativa transparente em que os eventos parecem acontecer por si sós, como um mundo paralelo ao nosso. Em nenhum momento da recepção de um programa de tevê o espectador perde a certeza de que está em casa, olhando para o aparelho que lhe traz a imagem reticulada de uma *talking head*. Isso quer dizer que o espectador de tevê, mesmo solitário, não é nunca o indivíduo isolado e desprotegido que caracteriza o espectador da sala escura do cinema. Ele é sempre o cidadão, o homem público a quem falam essas imagens e esses sons, ele é o alvo direto e confesso tanto do aliciamento quanto do contato buscado pelas *talking heads*, dependendo dos fins que a televisão persegue (MACHADO, 1988, p. 49-50).

Com essas preciosas observações de Machado, talvez possamos afirmar com mais clareza o quanto um detalhe técnico também participa de um modo de estar com a TV, de fazê-la, de espectá-la e, como queremos aqui, de estudá-la pedagogicamente. O que vimos no primeiro capítulo, sobre o "casamento" entre TV e intimidade talvez agora possa ser mais bem compreendido: o tamanho reduzido da tela, nosso trabalho de completar os pontos de luz e ainda a escolha de detalhes como o básico das imagens televisivas são elementos técnicos que também contribuem para a predominância dos temas privados, cotidianos. Obviamente, não se trata de uma lei à qual não se possa fugir, trata-se apenas de uma tendência; e também deve-se considerar que não há uma forma única de tratar desses temas; as possibilidades são inúmeras. Vejamos um exemplo de narrativa jornalística de boa qualidade – técnica e ética, que foge aos padrões de invasão da privacidade na TV. Um repórter[3] conduz sua entrevista de modo a captar a riqueza da experiência de uma senhora que decidiu estudar e alfabetizar-se aos 60 anos; nela, o editor busca o brilho dos olhos felizes ou a mão manchada e trêmula da mulher, enquanto o jornalista respeitosa e sensivelmente conduz a entrevistada à narração de uma série de lembranças e de promessas de alguém que tem uma série de percepções interessantes sobre a vida, o imenso prazer de "saber mais"; além disso, na reportagem não se deixa de tratar dos graves problemas do iletrismo ou do analfabetismo, ainda persistentes num país como o Brasil. Ou seja, sentado diante da TV, estará neste caso um cidadão respeitado em seu direito de receber a informação rica, carregada de vida e complexidade, para além de uma gratuita publicização da vida privada nas telas da televisão.

A mesma condição técnica da presença da TV em nossas casas, relacionada a uma acentuada escolha de temas privados nas programações, pode ser pensada a partir de outro ponto de vista, referente a um certo "estado distraído", característico do espectador de tevê. Mesmo que se fale das coisas cotidianas na televisão, é bem verdade que homens e mulheres espectadores assistem aos programas imersos no próprio cotidiano, atentos a uma série de outras atividades e olhares – o que evidentemente ultrapassa aquilo que as imagens da televisão mostram. Vemos TV dispersivamente, enquanto conversamos e nos movimentamos pelas peças de nossa residência, almoçamos, atendemos o telefone, recebemos amigos. A linguagem básica da TV funda-se justamente

---

[3] Refiro-me a uma reportagem sobre educação de adultos conduzida pelo repórter Caco Barcellos e veiculada em 2000 pelo Canal Globo News no programa *Espaço Aberto*. Aliás, esse mesmo repórter, hoje, é responsável pelo programa *Profissão Repórter*, na Rede Globo, assumindo o mesmo posicionamento ético de narrar histórias e ouvir pessoas tendo como foco a abertura plena da sensibilidade ao "outro".

nessa dispersão, e busca de todas as formas responder a ela, de modo especial pesquisando ritmos, selecionando sons, atores, personagens, produzindo imagens e diálogos, a fim de capturar atenções e emoções.

A análise da veiculação e construção de um telejornal poderá oferecer ao estudioso uma ideia precisa do que estou dizendo: inúmeras "chamadas" (apresentação das principais notícias ou manchetes do jornal) são feitas antes da exibição do programa; na abertura, mais uma vez as manchetes; no início de cada bloco, a repetição das mesmas frases e imagens, agora conduzindo finalmente o espectador ao que foi anunciado. Ocorre muitas vezes ao cidadão mais avisado frustrar-se com o telejornal, justamente porque talvez esperasse mais, após tanta promessa sobre o supostamente importante assunto da reportagem ou notícia. Mas o que importa aqui é que, a partir do pressuposto da dispersão daquele que olha, constrói-se um modo específico de constantemente capturar a distraída mulher ou o desatento jovem, comunicando que tal assunto está em pauta, e que sobre ele o Brasil será informado – nem que seja apenas pela repetição de uma frase e pela exibição de meteóricas declarações ou rapidíssimas imagens da cena em questão.

Interessante observar que todas essas características da imagem eletrônica nos falam de inúmeros elementos muitas vezes aparentemente contraditórios entre si: precisamos completar as figuras da tela, como dissemos acima, mas somos também espectadores dispersos; a pequena tela exige primeiros planos, detalhes, mas ao mesmo tempo é necessário que os cenários não contenham elementos em profusão, que sejam "limpos", despojados, distintos da chamada "realidade", ou seja, que remetam a uma espécie de "sintetização da imagem", como escreve Machado (Ibidem, p. 50).

Ora, essas condições concretas de produção e veiculação das imagens eletrônicas são a base para um trabalho educacional sobre a televisão. O estudo de tais características da tevê indica que elas precisam ser pensadas simultaneamente dos pontos de vista técnico e comunicacional, social, cultural, educativo. Mas, repito, por mais que haja algumas condições técnicas muito particulares a determinar a vida e a ordem da televisão, o certo é que estamos sempre diante de *possibilidades*. Assim sendo, abre-se uma discussão sobre as escolhas feitas, e essas escolhas inevitavelmente envolvem valores, posições políticas, éticas, estéticas. Estudar a tevê, portanto, significa atentar para uma pluralidade de variáveis em jogo. E compreender, como escreve Milton Almeida, que "a transmissão eletrônica de informações em imagem-som propõe uma maneira diferente de inteligibilidade, sabedoria e conhecimento, como se devêssemos acordar algo adormecido em nosso cérebro para entendermos o mundo atual, não só pelo conhecimento fonético-silábico das nossas línguas, mas pelas imagens-sons também" (1994, p. 16).

Sobre os diferentes domínios da imagem

Gostaria de situar aqui como estou entendendo o conceito de imagem, tantas vezes referido neste livro. Pode-se dizer, grosso modo, que sempre estão em jogo, quando falamos de imagens, dois amplos domínios, que só se separam para efeito didático. De um lado, temos sua materialidade visual, sua qualidade de objeto material que representa algo para nós. Uma fotografia, nesse sentido, é imagem; igualmente uma pintura, as imagens do cinema e da tevê, um desenho, uma gravura, um *outdoor*. Ora, já quando escrevo "objeto material que representa algo para nós", estou simultaneamente falando de outro (ou será do mesmo?) domínio das imagens: estou me referindo às significações, aos sentidos, incluindo aí as imagens sobre si mesmo e sobre o mundo que internamente cada sujeito produz e que o constituem, bem como os sistemas de significados que circulam e são construídos nas diferentes culturas.

Convém sublinhar aqui que imagem e sentido não se separam. Sempre, de alguma forma, as imagens "dizem" algo, e nós podemos dizer algo a respeito do que elas mostram. Por outro lado, posso me referir a imagens que temos sobre algo ou alguém ("A imagem que eu tinha desse país era bem outra", por exemplo). Ora, a interpenetração de imagem e produção de sentidos parece ficar clara nos dois casos: a imagem que alguém constrói, no caso, sobre um determinado país, não é retirada do vazio, ela é sempre elaborada no cruzamento de múltiplas relações, de experiências individuais e sociais, de ordem psicológica e principalmente de ordem política e cultural. Pode ocorrer, por exemplo, que o enunciador dessa frase tenha ouvido histórias sobre o tal país no seu próprio ambiente familiar, na escola ou nos livros; pode ser que tenha visto imagens explícitas daquele lugar, no cinema, na televisão ou em revistas e jornais. Há sempre um cruzamento, uma intimidade, uma inseparabilidade entre as imagens "internas" que construímos sobre as coisas e as imagens propriamente "externas" – aqueles objetos visuais, perceptíveis, "materiais".

Vejamos outro exemplo: as fotografias e cenas em movimento, acompanhadas de textos de reportagens em jornais, revistas ou televisão, sobre o horror da vida das mulheres no Afeganistão ou no Irã, seriam imagens "materiais" de um acontecimento, cujos sentidos recebemos e "lemos" das mais diferentes formas, a partir dos diversos códigos utilizados: a palavra escrita, a palavra oral, a fotografia, a sequência, os planos e os cortes da narração televisiva[4], a disposição da matéria na página

---

[4] Não vou estender-me aqui a respeito de detalhes técnicos da produção de imagens fílmicas e televisivas. Mas uso termos desse jargão, como "cortes" "planos", por exemplo. Resumidamente, há um corte numa sequência de imagens quando o fluxo da gravação de uma imagem é interrompido e entra outra imagem, captada por outra câmera (ou editada, isto é, "colada" à anterior). Há cortes bruscos, cortes suaves, apagamento gradativo da imagem ou o seu inverso (*fade-out* ou *fade--in*), e isso participa decisivamente dos efeitos da narrativa no público.

do jornal. Haverá tantas e tão mais complexas leituras ou entendimentos dessas imagens, conforme os tipos de espectadores ou leitores. Estão em jogo seu repertório de informações sobre o tema e sobre a própria experiência, em maior ou menor grau de frequência e qualidade, de ver TV, ler jornais, livros e revistas, de acessar a internet e nos seus sites buscar novas informações sobre o tema, além de discutir problemas graves como esse; da mesma forma, estão em jogo seus valores, sentimentos, seu posicionamento ideológico que, continuamente, são mobilizados numa situação como essa – a partir também do modo como os produtores das imagens e textos construíram aquela mensagem, em termos técnicos e ideológicos. Horrorizar-se com a miséria e a violência a que são expostas as mulheres afegãs em seu país em virtude de questões de ordem religiosa e política é, diríamos, um "sentimento carregado de sentidos" – sentidos produzidos no âmbito de uma prática cultural e histórica, já que se trata de materiais veiculados por determinados meios de comunicação, numa determinada época, para determinados públicos. Estão também em pauta aqui as representações

---

Sobre os planos na TV, aprendidos certamente da pintura e do desenho, da fotografia e especialmente do cinema, basta aqui citar que há planos gerais, panorâmicas, planos médios, primeiros e primeiríssimos planos, detalhes – conforme as câmeras captem, por exemplo, uma cena ou paisagem bem aberta ou enquadrem um rosto que ocupará toda a tela, e assim por diante. Informar-se sobre esses recursos técnicos, mesmo que sem pretensões de tornar-se especialista no assunto, tem bastante valia na análise das imagens. A panorâmica da pequena cidade nordestina da família do menino Josué e o detalhe do olhar de Fernanda Montenegro ao espelho, maquiando-se, no filme *Central do Brasil*, certamente não existem por acaso. Comunicam, narram, interpelam o espectador. Um bom livro sobre detalhes técnicos da linguagem de TV e de cinema, estudados a partir da elaboração de roteiros, é *Roteiro – arte e técnica de escrever para cinema e televisão*, de Doc Comparato (1983). Do mesmo autor, um livro mais recente e mais completo é *Da criação ao roteiro*, que se apresenta como um guia da arte e da técnica de escrever para cinema e televisão (Rio de Janeiro: Rocco, 1995).

que temos sobre mulheres, seus direitos e lutas, sobre as conquistas feministas nas últimas décadas, sobre a religião muçulmana, a força dos fundamentalismos e os graves conflitos envolvendo os povos que professam tais crenças, sobre as sociedades não ocidentais e o recrudescimento de xenofobias, e assim por diante.

Como é possível acompanhar neste texto, trago para a discussão sobre imagem (televisiva) uma série de conceitos a ela relacionados: língua, linguagem, significantes, símbolos, signos, representações, significações, significados, sentidos, discurso. Não interessa aqui entrar nas polêmicas discussões sobre tais conceitos, próprias de campos como os da linguística, da semiologia ou da semiótica[5].

---

[5] Um texto bastante elucidativo a respeito desses conceitos aplicados ao estudo da televisão é "O imaginário da morte", de Teixeira Coelho, no livro *Rede imaginária – televisão e democracia* (Ver Referências Bibliográficas). O autor explica com simplicidade e rigor os conceitos de imagem, signo, símbolo, imaginação e imaginário. Ele nos ensina que "a imaginação é um dos modos pelos quais a consciência apreende o mundo e o elabora". E que aprendemos ou diretamente, através de imagens que apontam para os objetos de que falam, ou indiretamente, por desvios entre a imagem que temos de algo e aquilo que por ela é representado. Aí entram os conceitos de signo e símbolo, significante (que é o portador material do signo) e significado. Um signo (como uma palavra ou uma foto, por exemplo) pode ter um significante arbitrário (*caneta* indica um objeto que conhecemos) ou um significante adequado (a figura mostrada na foto pode ter semelhança com a pessoa fotografada). "Já o símbolo tem um significante que não é arbitrário mas determinado pelo que significa" [...]. "O significado a que remete o signo pode ser apreendido pelo pensamento direto, enquanto o símbolo nunca se deixa apreender pelo pensamento direto"[...]. "O significado do símbolo nunca é fornecido fora do processo simbólico", ou seja, não existiria "um elenco de símbolos com significado preciso e invariável". É justamente com signos e símbolos que opera nossa imaginação. É exatamente com esses materiais que opera a televisão. Do ponto de vista cultural e social, é com esse tipo de materiais que se constrói, por exemplo, o imaginário cultural de um país. O autor critica o excesso de imagens em nossa cultura e afirma que o modo pelo qual as imagens são criadas e veiculadas em nosso tempo não estaria contribuindo para a religação do indivíduo consigo mesmo, "com sua própria memória, com a memória da terra, com a memória de seus ideais e projetos" (COELHO, 1991, p.112-113).

Mais adiante, neste capítulo ainda, ao apresentar uma proposta de análise de produtos televisivos, vou discutir as relações entre discurso e representação, por entender que tal debate pode contribuir bastante para os estudos que se fazem sobre mídia e educação.

Interessa registrar e reter, por enquanto, que as imagens audiovisuais da tevê são construídas com uma série de elementos de diferentes linguagens: basicamente, as linguagens oral, escrita, icônica, plástica, gráfica, digital, sonora, musical. Lembremos de que todas essas formas de comunicar estão presentes também no teatro, no rádio e no cinema, e se pode dizer que a TV vem incorporando e recriando constantemente uma série de elementos desses meios e expressões culturais, como veremos a partir de outros exemplos. Com o concurso de cada uma dessas linguagens ou, melhor dito, do conjunto delas, são construídos os produtos televisivos, porém, sob uma forma muito particular, que é específica do vídeo e da tevê, já que se trata fundamentalmente de imagens eletrônicas, com todas as suas peculiaridades, como vimos acima.

Os exemplos da publicidade sempre são ricos, porque em trinta segundos, brilhantemente sintéticos, sugerem um sem-número de significados, a partir das mais variadas linguagens. Um comercial da Citroën, exibido na TV e também nas salas de cinema, em 2001, trata do lançamento de um carro: na fábrica, um exemplar recém montado aparece sendo literalmente pintado como obra de arte, com jatos de tinta preta que reproduzem uma obra de Picasso sobre a superfície do automóvel. O comercial termina fazendo desaparecer o desenho, restando apenas a singular e desejada assinatura: *Picasso*. A palavra escrita aqui adquire uma dimensão especial: a assinatura, a grife, o *status* de obra de arte, de originalidade e inovação, de ultrapassagem das fronteiras da convenção (o carro Xsara Picasso identificado com o artista). A própria linguagem das artes plásticas também está presente. A sonorização completa brilhantemente a peça publicitária, numa *mélange* (mistura) de música popular sofisticada e de sons dos "gestos" de imensos robôs pintando o carro, num *crescendo* que, exibido na sala escura do cinema, adquire maior força comunicativa, mais possibilidades de interpelação de um público de certa forma seleto (reconhecer aquela obra de Picasso, apreciar a arte e poder adquirir um sofisticado carro importado são mostrados aqui como elementos equivalentes e característicos de um certo grupo, bastante restrito). Não é por acaso que a peça também teve como mídia o cinema, além da televisão.

Uma palavra sobre a palavra na TV

Por certo, algum conhecimento de semiologia talvez nos seja útil aqui, sem que entremos em discussões acadêmicas de vulto sobre o assunto. Roland Barthes sempre é citado quando alguém se dedica a estudar imagens, justamente porque esse brilhante pensador francês não se cansou de estudar textos literários, fotografias, anúncios publicitários, imagens fílmicas, obras teatrais. E o fez de forma genial, simples e ao mesmo tempo erudita. Escreveu sobre o rosto da atriz Greta Garbo, assim como analisou, em detalhes, comerciais de sabão e detergentes, um espetáculo de *catch* ou luta livre, o ritual dos grandes casamentos da sociedade, entre tantos outros acontecimentos corriqueiros (BARTHES, 1980). Em todas essas análises, o autor presta atenção às minúcias da elaboração das imagens, ao uso de variadas linguagens, e registra as possíveis relações de sentido presentes naqueles materiais. Em suas análises aprendemos de que modo se entrelaçam os vários signos – os signos linguísticos, por exemplo, da palavra falada e da palavra escrita, com os signos propriamente imagéticos, icônicos – as figuras, os desenhos, as fotografias, as imagens fílmicas ou televisivas.

Também aprendemos com Barthes em que consiste o papel extremamente importante dos signos linguísticos na construção dos produtos da mídia, apesar da indiscutível força das imagens. É especialmente a partir desse autor que tecemos, a seguir, algumas considerações sobre o uso da palavra na TV: primeiramente, discutimos a palavra ora como fixadora, ora como impulsionadora de sentidos; a seguir, dedicamo-nos a tratar da oralidade da TV e da predominância de programas "falados"; finalmente, tecemos algumas considerações sobre o que significa "escrever para a tevê".

Em muitos casos, observaremos que a palavra funciona, como diz Barthes, para "*fixar* a cadeia flutuante dos significados, de modo a combater o terror dos signos incertos" (Barthes, 1990, p. 32). Frases como "Coca-Cola é isso aí", já referida no capítulo anterior, são um bom exemplo: o prazer refrescante sugerido pelas imagens de felicidade, liberdade e possibilidade de tudo, presentes nesse comercial, interrompem o gozo ilimitado, ali sugerido e incitado, e impõem uma barreira em direção a outros possíveis sentidos. Para esse autor, é sobretudo através do texto que os criadores exerceriam um tipo especial de controle sobre a "liberdade de significados da imagem" (idem, p. 33). O estudo de legendas de jornais e revistas também é exemplar nesse sentido: orienta-se o leitor sobre o que ele deve ver na foto (mesmo que ele ou ela possam ver muitas outras coisas); importa aqui a força do signo linguístico. Se fôssemos analisar histórias em quadrinhos ou charges e cartuns, veríamos que a palavra escrita tem ali uma outra função, não tanto de fixar, mas de complementar, ampliar os sentidos, provocar o riso, justamente pela associação das duas linguagens. Nas narrativas ficcionais de filmes, telenovelas, seriados de TV, podemos descrever esses dois modos de funcionamento da palavra em relação às imagens. De acordo com Barthes, o diálogo no cinema (eu diria, também na TV) não existe apenas para elucidar imagens e cenas, mas para fazer "realmente progredir a ação, colocando, na sequência das mensagens, os sentidos que a imagem não contém" (1990, p. 34). Registre-se aqui a riqueza a ser explorada, tomando como foco apenas a palavra, o diálogo, num estudo de telenovela ou de especiais de ficção, como *Comédia da vida privada* ou *Brava gente* ou ainda minisséries baseadas em romances, como *Os Maias*, todos da Rede Globo.

Vejamos um outro aspecto, talvez contraditório em relação ao que dissemos acima: a linguagem falada ou o que o estudioso Milton Almeida chama de "oralidade dos meios de comunicação". Para esse autor, a linguagem do cinema e da televisão está diretamente ligada à fala, à oralidade, à "corporalidade da voz e do corpo, da natureza, da imagem do mundo". O que vemos e ouvimos pela TV ou pelo cinema, diz Almeida, por mais ficcional que muitas vezes seja, será sempre muito próximo de nós, do chamado "mundo real", na medida em que não nos exige em princípio uma "imaginação reflexiva", pela própria condição material desses meios, por sua linguagem, diferente da escrita em um livro, por exemplo. Ora, isso confere aos meios audiovisuais extrema força e domínio sobre as chamadas "populações orais atuais", já que contribui para que essas imagens apareçam como verdade (1994, p. 10, 26-27). O autor critica a oralidade excessiva em que estamos imersos, estimulada basicamente pelos modos como se faz televisão. Falamos, falamos, ouvimos, ouvimos, olhamos, olhamos: estamos constantemente "plugados" mas, paradoxalmente, talvez nunca tenhamos nos deixado estar tão desligados de nós mesmos (mas isso já é outra história...). Jean Baudrillard, no mesmo ensaio comentado no capítulo anterior sobre os *reality shows* (programas em que o espetáculo é a chamada "realidade" cotidiana, do tipo *Big Brother*), escreve:

> A expressão de si mesmo como forma extrema de confissão, de que falou Foucault. Não guardar nenhum segredo. Falar, falar, comunicar incansavelmente. Essa é a violência feita ao ser singular e a seu segredo. E ao mesmo tempo é uma violência feita à linguagem, pois a partir daí ela também perde sua originalidade, não é mais que um meio, um operador de visibilidade, perde qualquer dimensão irônica ou simbólica quando a lin-

guagem é mais importante do que aquilo que se diz. (BAUDRILLARD, 2001, p. 12)

Como bem lembra Arlindo Machado (1988), é preciso registrar que de certa forma a televisão ainda permanece como um rádio "visível", já que se apoia grandemente na oratória verbal. Nos programas de auditório, nos *talk shows*, nas telenovelas, nos documentários, nos telejornais, as pessoas estão sempre falando. Falam, e sua fala é pontuada também por sons musicais, onomatopaicos ou apenas marcadores de ações, gestos ou fenômenos da natureza, como o som de trovões, por exemplo[6]. Não há dúvida de que nosso tempo é um "tempo de confissão", de extremada verborreia; e, do ponto de vista operacional, é bem mais fácil e barato produzir programas de entrevista ou de debate. Mas isso não nos impede de pensar o quanto vivemos hoje a quase impossibilidade do silêncio, aprendida principalmente na convivência cotidiana com a TV. Para a estudiosa argentina Beatriz Sarlo, a perda do silêncio na televisão associa-se também à perda dos "brancos" (permanência numa mesma imagem), à negação dos vazios de movimento e ao elogio da multiplicação das imagens. Isso tem a ver com uma cultura perceptiva construída pela própria prática de fazer e de ver TV, e que o público sabe muito bem utilizar quando muda alucinadamente de um canal para o outro, em resposta a silêncios ou a lentidões de imagens, talvez insuportáveis para ele (Cf. SARLO, 1997, p. 61).

Minha experiência como jornalista e criadora de produtos televisivos permite-me exemplificar o quanto a chamada "linguagem da tevê" é específica de um meio e ao mesmo

---

[6] É o que se chama de *sonorização*, esse elemento técnico fundamental da composição de um programa de TV. Não há praticamente um gênero televisivo que não seja sonorizado, isto é, que não receba, depois de editado, um som, ora em maior evidência ("sobe som"), ora em BG (*background*, "por baixo", quase imperceptível, mas importantíssimo) para marcar a narrativa seja de uma telenovela, seja de um documentário (As expressões "sobe som" e "som em BG" fazem parte do jargão de produção de TV).

tempo absolutamente dependente de um imenso conjunto de outras linguagens. Quando comecei a trabalhar em televisão, como coordenadora de programas educacionais para professores (e, depois, como coordenadora de criação de programas para crianças e adolescentes), arrisquei-me a escrever roteiros para TV. O diretor (Alcino Diniz) leu meus escritos daqueles idos de 80 e imediatamente deu-me a primeira e aparentemente óbvia aula sobre linguagem da TV: o texto escrito para um artigo, uma palestra, uma aula ou um livro não poderá jamais ser repetido *ipsis litteris* na TV. Era preciso dissertar menos; era necessário narrar mais; ou melhor, era fundamental mostrar. Uma boa sequência, de crianças e suas professoras na rua, a entrevistar trabalhadores da construção civil sobre seu salário e condições de vida talvez fosse bem mais convincente, se bem gravada e editada, do que a fala de um locutor, orientando o público de professores sobre novas formas de pesquisa, sobre a relação da escola com a comunidade, a formação do espírito crítico dos alunos etc. Outro roteirista (Ricardo Linhares, que hoje escreve telenovelas para a Rede Globo) ajudava-me então a cortar palavras, a sintetizar informações, a buscar imagens, a imaginar cenas, figuras, movimentos, a sugerir sonoridades e ritmos para a narrativa. Enfim, ambos ensinavam-me a compor uma outra coisa, que não a oratória, que não a palavra escrita falada na TV. Falavam-me sobretudo do dinamismo da ação na TV, associado ao tempo de atenção aprendido pelas pessoas na experiência com as diferentes mídias[7]. Enfim, orientavam-me a *escrever para a tevê*.

---

[7] O roteirista Doc Comparato (1983), ensinando como escrever para cinema e televisão, compara o tempo de atenção do espectador ou leitor, diante de um livro, um filme, um programa de televisão. Afirma que no cinema é preciso "fisgar" o espectador no mínimo até os primeiros vinte minutos; já na TV, o tempo de atenção do espectador cairia para apenas três minutos – ou seja, devem-se criar formas de capturar o espectador de três em três minutos, para que ele não escape e busque outro canal; num comercial, esse tempo é de sete segundos.

Não existe quase nenhum programa de TV que não tenha primeiramente existido sob a forma de palavra escrita. Isso eu observava na prática de fazer tevê; constatava cotidianamente o quanto se misturavam, naquele meio, todas as linguagens. Telejornais e novelas, documentários e comerciais, mesmo os programas de entrevista (estes, é verdade que parcialmente), todos se fazem a partir da palavra escrita, que ali se transforma em "palavra televisiva". Essa palavra não só deve ser menos professoral e prolixa, como deve ser clara, direta e compreensível por públicos diversos. Lembro, a propósito, certa ocasião em que fui entrevistada por uma repórter da TV Globo sobre uma pesquisa a respeito de crianças, adolescentes e televisão[8]. Usei a palavra "receptores", para referir-me àqueles que recebiam as mensagens televisivas. A repórter imediatamente interrompeu-me e pediu que eu traduzisse a palavra, que esmiuçasse o que estava querendo dizer. E explicou-me: "Você está falando para milhares, milhões de pessoas. Não pode usar uma palavra acadêmica ou de uma área específica sem explicá-la. 'Todos' devem entender".

De qualquer forma, voltando ao exemplo acima, é importante registrar o seguinte: se lembrarmos alguns assuntos tratados no cotidiano de telejornais de grandes redes, como a Globo, especialmente as notícias de economia, poderemos questionar a universalidade do objetivo da linguagem clara e não cifrada da TV. Que querem dizer ao grande público, por exemplo, os índices da Bolsa de Valores com todas as siglas dos grandes acionistas envolvidos? Poderia argumentar-se que não seria possível explicar todos os dias o que significam siglas como Índice Nasdaq ou IGP-M, e assim por diante. Isso nos leva a distinguir tipos de notícias ou programas e tipos de

---

[8] Refiro-me aqui à dissertação de mestrado, depois, publicada em livro, intitulada *O mito na sala da jantar* (Ver Referências Bibliográficas). A entrevista ocorreu por ocasião do lançamento do livro, em 1984, no Rio de Janeiro.

públicos. Assim, diferentemente de uma matéria sobre a agitação das bolsas na *Wall Street*, quando se trata de uma campanha do governo federal, plenamente apoiada pela mídia – como é o caso da campanha em favor da economia de energia, ou "campanha do apagão", como passou a ser conhecida[9] – , o público assiste durante semanas a uma avalanche de verdadeiras aulas de eletricidade, informações minuciosas sobre *watts* e voltagens, inclusive a patéticas reportagens defendendo a volta do ferro de passar roupa do tempo de nossas bisavós, e explicando, passo a passo, como se pode produzir um ferro a vapor bem mais econômico e leve, feito de alumínio reciclado.

Encaminho a discussão agora para um novo tópico: qualquer análise que se faça da TV, qualquer identificação de tipos e formas de linguagem presentes nesse meio, terá de forçosamente levar em conta o conjunto do processo comunicativo, a situação específica de produção e veiculação daquele programa, em termos políticos e culturais, mas primordialmente terá que considerar um dos elementos (dos mais importantes) no estudo da linguagem da TV: o público, aquele a quem se dirigem as mensagens.

Afinal, a quem se endereça a TV?

"Não, não vamos colocar isso no programa. As pessoas não querem isso. O povo não vai gostar". Lembro-me nitidamente dessas palavras, da cena toda, numa sala de reuniões de criação, quando trabalhei na TV Educativa do Rio de Janeiro, nos idos de 80. Roteiristas e diretores, produtores e atrizes afirmavam, do alto de sua experiência, simultaneamente como espectadores e criadores, um certo (des)conhecimento, mesmo que intuitivo, e uma série de (pre)conceitos sobre aquilo que se chama o público, aquele a quem se dirige todo e qualquer comercial, todo e qualquer programa de televisão, filme, matéria de revista

---

[9] Campanha lançada pelo Governo Federal no ano de 2001, convocando a população a racionar energia elétrica.

ou jornal. Estamos falando aqui de endereçamento ou, como escreve a norte-americana Elizabeth Ellsworth[10], de *modos de endereçamento*. Ela talvez seja uma das poucas estudiosas a expressar com rara clareza o conceito de endereçamento em cinema e televisão. E para nós suas reflexões revestem-se de maior importância ainda, na medida em que a autora relaciona os modos de endereçamento no cinema e na tevê à educação, perguntando: afinal, de que forma endereçamos nossos currículos e aulas? Quem nós pensamos que são aqueles alunos e alunas, aquelas crianças, aqueles jovens e adultos aprendentes?

A publicidade e a indústria do entretenimento "não brincam em serviço", como se diz: seus produtos são realizados para alguém concreto e real, para alguém com quem entram em relação de um modo muito particular, a fim de que este "complete" de alguma forma a história narrada, a mensagem de venda, a informação contida naquelas imagens e sons. As pesquisas de mercado existem para isso: para desenhar um perfil dos possíveis consumidores e, assim, definir as estratégias de criação de um programa ou filme. Mas, como escreve Ellsworth, essa relação da mídia com seus públicos não é tão simples assim: não basta, por exemplo, pesquisar os hábitos e desejos dos adolescentes brasileiros das grandes cidades e depois produzir um programa como o *Erótica*, da MTV, para obter sucesso. Não. Os modos de endereçamento constituem estratégias bastante complexas de interpelar alguém, um certo público, como se literalmente assim acenasse: "Ei, você, veja o que fiz pra você, exatamente pra você!". São estratégias

---

[10] Nesta seção, a partir de agora, utilizarei várias observações feitas por Elizabeth Ellsworth, retiradas de dois capítulos do livro *Teaching positions*: Difference, Pedagogy and the Power of Address (Ver Referências Bibliográficas). Os dois capítulos ("*Mode of address: it's a film thing*" e "*The paradoxical power of address: it's education thing, too*" foram traduzidos no Brasil. Ver ELLSWORTH, Elizabeth. Modos de endereçamento. In: SILVA, Tomaz Tadeu (Org.). *Nunca fomos humanos* – nos rastros do sujeito. Belo Horizonte: Autêntica, 2001, p. 07-76.

que não se produzem de uma hora para outra. Elas têm uma longa história de "educação" dos espectadores, de formação de um público.

A apresentadora Xuxa é um bom exemplo: ela mesma, como figura individual, e todo o aparato de seus programas, há mais de 20 anos diariamente na televisão brasileira, não cessam de interpelar públicos de todas as idades, preferências sexuais, gêneros, classes sociais. Gostemos ou não dela – e da parafernália dos cenários, dançarinas e sons alucinantes, intimidades confessadas no divã da apresentadora, milagrosas transformações de gatas borralheiras em cinderelas por quinze minutos de fama –, há que referir a competência com que Xuxa se comunica com os *teenagers*, "baixinhos" e respectivos pais, mães e tias, competência que lhe permite *endereçar* seu *show* ora para uns, ora para outros, ou talvez sempre e para todos. Se observarmos bem, há inúmeros elementos interpeladores nessas figura: a *mélange* de fada loura e irmã mais velha, mulher desejável, insinuante e ao mesmo tempo plenamente inacessível; o exemplo de riqueza e sucesso individual, associado à imagem de uma pessoa de carne e osso, que é mãe, sofre, chora a solidão, conversa intimamente com pobres e ricos, chiques e famosos; a encarnação do bom--mocismo e da defesa da moralidade, livremente encarnada na vendedora de bombons, brinquedos, cremes e sabonetes. O interessante é mostrar essas marcas da apresentadora num conjunto bem mais complexo de *endereçamento*. Cada uma das marcas pode merecer um estudo à parte, na medida em que através delas podemos definir também uma série de "posições-de-sujeito"[11]a serem ocupadas pelos espectadores

---

[11] Quando usa essa expressão, Ellsworth certamente se refere a Michel Foucault e sua teoria sobre o discurso, na obra *A arqueologia do saber* (1986). Foucault mostra-nos como indivíduos diferentes podem ocupar o lugar de sujeito de um mesmo discurso. Para exemplificar: posso, numa certa situação, ser sujeito de um discurso, por exemplo, o discurso feminista em favor da luta pelos direitos de livre expressão das mulheres afegãs. Em outra ocasião, posso reconhecer-me no

em relação ao programa e à apresentadora do exemplo acima. Os discursos circulam na sociedade, e em condições específicas podemos estar ou não na posição de sujeito deste ou daquele discurso; assim, a multiplicidade de apelos no programa da Xuxa, por exemplo, sobre exercícios de autoajuda e busca do autoconhecimento e espiritualidade, ou sobre a necessária busca da eterna juventude, diz respeito a discursos de alguma forma "reconhecidos" socialmente, e para os quais haverá ou não "sujeitos". Para tanto, as estratégias de interpelação e chamamento são fundamentais. É como se na TV, através daquele conjunto de imagens e narrativas, alguém nos dissesse: "Venha, venha ser sujeito disto que estamos lhe dizendo!".

Certamente não há um controle pleno de tal processo: o espectador pode responder diferentemente do esperado, porque tem um lugar próprio, distinto daquele lugar a partir do qual o filme ou o programa de TV lhe fala. Além disso, mesmo que haja o objetivo de atingir um certo público em especial, e mesmo que haja uma história de certo tipo de personagens ou histórias audiovisuais com seus públicos, qualquer produto da cultura de massa estará sempre lidando com um leque bem mais amplo de espectadores e de respostas possíveis. Há uma tensão entre o direcionamento a um público específico (as adolescentes de camadas médias das grandes cidades, por exemplo, no caso de um programa como *Meninas Veneno*, da MTV) e a sombra das grandes maiorias, do público dispero e "zapeador" da televisão. No programa citado, grupos de meninas, adolescentes ou jovens, debatem problemas de sua vida de mulher como "Não consigo parar de comprar", "Meninas que gostam de meninas", "Só arranjo namorado pela Internet" ou "Todos me acham estranha"[12].

---

discurso romântico de um filme água-com-açúcar, como *Uma Linda Mulher*, estrelado por Julia Roberts e Richard Gere.

[12] Títulos de temas debatidos no programa, nos dias 05/04, 19/04, 26/04 e 31/05 de 2001, respectivamente, no canal MTV.

Depoimentos de jovens do sexo masculino são "chamados", no decorrer do debate, para fazer o contraponto ou para compor um conjunto em que se percebe a tensão entre o atendimento a um público específico e a abertura a grupos diversificados, como o dos jovens do sexo masculino.

A possibilidade de errar o alvo é permanente e está incluída nesse "espaço volátil", imprevisível e incontrolável entre filme e público, entre tevê e telespectadores. O que acontece "entre" a produção do *Programa do Ratinho* e os dispersos públicos? Quem são esses que não deixam de pelo menos espiar brevemente o grotesco, o escatológico, o obsceno, aquela mistura de encenação de baixo nível e, sobretudo, aquela oratória grosseira sobre a impossibilidade do funcionamento das instituições políticas e sociais, sobre a impossibilidade de o Estado governar e atender minimamente a população? Seriam pessoas exclusivamente das camadas populares? Sabe-se que não. De donas de casa de camadas médias a senhores bem postados na vida, de crianças de todos os níveis sociais a jovens e idosos, há um público que de alguma forma se reconhece no grotesco[13].

Ainda sobre o *Programa do Ratinho*: à medida que é veiculado, fazem-se inúmeros ajustes, ouve-se a crítica, critica-se a crítica, consultam-se os índices de audiência, o apresentador dá entrevistas em locais talvez mais nobres que o próprio programa, como a revista *Playboy* – e vai-se tecendo uma rede de informações e inclusive intuições sobre "quem se pensa que o espectador daquele programa é" e "quem o programa quer que o espectador seja". Ellsworth diz que estudar o modo de endereçamento de um filme fundamenta-se exatamente nessas duas questões: "quem este filme pensa que você é?" e "quem este filme quer que você seja?". Ou seja, trata-se de um

---

[13] A propósito de programas ditos "populares" e grotescos, e das estratégias de interpelação dos públicos, ver o artigo "A escola na televisão: quem se reconhece na *Escolinha do Professor Raimundo*" (FISCHER, 1993).

processo extremamente complexo, cheio de nuances, de tensão, e que envolve inúmeros procedimentos e técnicas de linguagem, de expressividade, de ritmos, de seleção de imagens, de tempos, de tramas narrativas. Mas que envolve, fundamentalmente, uma relação entre o tênue porém amplo espaço entre o individual e o social.

Estudar filmes, comerciais e programas de televisão a partir dos *modos de endereçamento* constitui um desafio que ultrapassa o domínio de regras ou estratégias de linguagem de cinema ou televisão. É preciso associar toda essa tecnologia própria de uma linguagem, no caso, a linguagem audiovisual, a questões de ordem pessoal, individual, psicológica; mas principalmente a questões de ordem cultural, política e social mais amplas; em suma, a questões que remetem à produção, circulação e interpretação de significados na cultura, numa dinâmica que inevitavelmente se dá no interior de relações de poder muito concretas – como vimos reforçando desde as primeiras páginas deste livro. Não estamos propondo uma oposição entre forma e conteúdo. Pelo contrário, sugerimos que o estudo das escolhas de texto, de personagens, de imagens específicas, de linhas melódicas e sonoridades, de tempos televisivos, de certos formatos de programa e inclusive da distribuição dos produtos na chamada "grade de programação" das emissoras, no mapa das 24 horas de "TV-com-você-tudo-a-ver" – tudo isso existe em função de alguém que se espera seja de determinado modo ou, então, que venha a ser "x" ou "y".

Fazer da TV objeto de estudo é dar conta de uma linguagem específica e, simultaneamente, mergulhar na cultura, nas lutas pela imposição de sentidos, nos modos de constituir sujeitos em nosso tempo. É aprender a fruir imagens e imaginações, ao mesmo tempo que aprender a responder questões como as sugeridas por Elizabeth Ellsworth. Afinal, quem a TV brasileira pensa que são nossas crianças? Quem as grandes redes de televisão pensam que somos e sobre o que desejamos? Quem os desenhos animados japoneses pensam que são os meninos e meninas de todo o mundo, quando lhes oferecem *pokemons* e *digimons* reproduzidos ao infinito? E a MTV, quem deseja que sejam os jovens desta América Latina quando os convida a namorar na TV? Quem o *Jornal Nacional* da Rede Globo pensa que são seus espectadores quando sugere que voltem a usar o ferro a vapor? Analisar a linguagem desses produtos, em seus detalhes, em suas mínimas escolhas estéticas de uso da imagem, dos sons, da música, dos planos, dos diálogos, dos tempos – é considerar que há um endereço para aquele produto, que ele existe e é feito para chegar a alguém, para seduzi-lo, chamá-lo a ver, gostar e reconhecer-se.

As relações entre discurso e representação no estudo da TV

Em vários trechos deste livro referi-me às *representações* identificadas num comercial ou num programa de tevê; também referi-me aos *discursos* da mídia. Esses dois conceitos têm sido usados, algumas vezes, como sinônimos. Para encaminhar a discussão que faço a seguir sobre uma proposta de trabalho (destinado a educadores ou alunos de cursos de Pedagogia ou ainda a professores em formação continuada), acho produtivo tratar, mesmo que brevemente, de como entendo a relação entre representação e discurso, no âmbito do estudo de artefatos culturais como comerciais, filmes, vídeos, programas de televisão.

De uma maneira bem sintética – e apoiada em Michel Foucault, sobretudo na obra *A arqueologia do saber* –, entendo discurso como o conjunto de enunciados de um determinado campo de saber, os quais sempre existem como prática. Posso assim falar, por exemplo, em discurso pedagógico, discurso feminista, discurso científico – porque todos eles são "constituídos" de uma série de enunciados, que existem propriamente como prática discursiva (há saberes articulados produzidos nesses discursos) e como acontecimento histórico, institucional e social (inseparável de uma série de regras, normas, modos de exercício do poder, formas de comunicação, lutas políticas).

Como se vê, discurso, nessa acepção, não se confunde com fala, oratória, frases, enunciações, como acontece ao usarmos essa palavra no cotidiano ("Não gosto do discurso daquele político", por exemplo). E nem se opõe a (nem se distingue de) aquilo que costumeiramente entendemos por "prática" ou até mesmo por "realidade" ("No discurso é uma coisa. Mas na prática..."). Discurso é mais do que isso. Conforme nos ensina Foucault, o discurso é ele mesmo uma prática: o discurso constitui nossas práticas e é construído no interior dessas mesmas práticas. Assim, por exemplo, podemos até continuar ouvindo chavões do tipo "só podia ser mulher" (em geral, relacionados a incompetências diversas, na direção do automóvel, por exemplo), mas é certo que gradativamente circulam na sociedade outros enunciados que subvertem ou transformam os modos de referir-se preconceituosamente à mulher, de modo que as pessoas muitas vezes se sentem constrangidas a reprimir afirmações já cristalizadas sobre o gênero feminino, e é como se já não pudessem repetir antigos ditos. Por quê? Porque estão em jogo alterações de um discurso sobre a mulher, as quais estão diretamente relacionadas a lutas sociais muito específicas e a saberes que têm sido divulgados e produzidos sobre as relações de gênero, entre outros. Afirmamos que discurso é prática justamente por isso: porque os discursos não só nos constituem, nos subjetivam, nos dizem "o que dizer", como são alterados, em função de práticas sociais muito concretas. Tudo isso envolve, primordialmente, relações de poder.

Programas de televisão, nesse sentido, seriam exemplos de enunciações[14] que, submetidas a um estudo mais

---

[14] Diferencio *enunciado* de *enunciação*, entendendo que a enunciação seria o que é dito ou mostrado numa determinada cena: um homem

sistemático, permitem a descrição de certos discursos. Neles podemos identificar os discursos-práticas que circulam na sociedade. É possível, por exemplo, mostrar de que forma enunciados do discurso feminista são apoiados, questionados ou incorporados pela mídia televisiva brasileira, hoje. E também pensar sobre novos modos de enunciar o discurso sobre a mulher, nesse espaço particular da televisão brasileira. Comparar um conjunto de anúncios publicitários na TV, em que a figura da mulher é dominante, pode ser extremamente interessante para analisar de que modo se cruzam diferentes enunciados sobre a mulher como objeto de sedução, sobre a mulher fatal, a mulher-mãe, a mulher eternamente em falta, a que precisa sempre ser ensinada, a mulher reduzida aos espaços do fogão, do espelho ou da cama.

Ainda um exemplo: se tomarmos um conjunto de programas infantis nacionais ou comerciais centralizados na figura da criança, e investigarmos que discurso tem sido construído sobre a infância brasileira, nos últimos tempos, vamos obter um farto material, que nos será dado pela materialidade das imagens e textos da TV – cenários multicoloridos, falas, diálogos e música do momento em profusão, diálogos e dramatizações, testes e jogos de pergunta e resposta, apresentadoras a vender e a seduzir –, evidenciando alguns enunciados sobre infância que

---

assiste ao acidente de carro e enuncia: "Só podia ser mulher!". Isso pode ocorrer milhares de vezes, e as cenas individualmente serão sempre outras, tantas quantas ocorrerem. Para descrever os enunciados de um discurso, certamente precisamos recorrer às enunciações, analisar o que é dito, escrito ou mostrado em diferentes materiais (textos, vídeos, programas de televisão, registros de observação de cenas); mas o que será descrito não é uma repetição das tantas coisas faladas ou afirmadas, e sim a "função enunciativa", aquilo que "faz" com que essas coisas sejam ditas. No conjunto dos discursos sobre a mulher, há a memória de enunciados sobre a dificuldade da mulher com as máquinas, com a matemática, com a engenharia. Há sobretudo o discurso machista sobre a inferioridade da mulher, em vários campos da atividade humana. Ora, o enunciado sobre mulher incapaz ou inferior está "vivo" na enunciação da cena de rua: "Só podia ser mulher".

certamente podem suscitar mudanças importantes em nossas práticas cotidianas. Estão ali as imagens da criança-esperança, da criança colocada no futuro ("O que você quer ser, quando crescer?"), da criança que pode salvar, da criança bem comportada, da criança que não sabe e que precisa continuamente ser ensinada, da criança-diabinho a ser constantemente controlada, da criança que hoje sabe mais do que o adulto (vejam-se os inúmeros comerciais veiculados nos últimos cinco ou dez anos em que se repete a imagem da criança poderosa, dona de um saber em geral "tecnológico", que a posiciona diante de um adulto literalmente idiotizado, ignorante, inferior). O que têm a ver esses enunciados com outros, que não se cansam de afirmar a infância como o lugar da liberdade, da ingenuidade, da mais genuína pureza? Em que sentido se pode dizer que haveria transformações significativas, hoje, quanto ao discurso sobre a infância?

Ora, afirmar que há um *discurso* "x" sobre a infância não seria o mesmo que dizer: há uma *representação* "x" sobre as crianças? Discurso e representação aqui não teriam o mesmo sentido? Obviamente, este não é o espaço para discutirmos todos os sentidos que, historicamente, nos mais diferentes campos de conhecimento, se tem dado aos termos *discurso* e *representação*. Mas é possível afirmar que discurso (no sentido foucaultiano) seria um conceito mais abrangente, já que diz respeito ao conjunto de enunciados de um determinado campo de saber, como vimos acima. Isso implica que se trata de um campo de saberes articulados entre si, constituído historicamente e em meio a disputas de poder. Podemos falar em discurso de forma bem ampla – por exemplo, referindo-nos a *discurso científico, discurso religioso, discurso político*; ou, de forma mais restrita, a *discurso ecológico, discurso feminista*; também podemos falar em *discurso da biologia, discurso da matemática*. Num discurso "x", há regras que definem o que é "verdade" num determinado campo; por isso, quando falamos em discurso, no sentido aqui usado, trata-se de sempre delimitar as fronteiras epistemológicas e históricas de um certo campo de saber.

Como bem escreve Stuart Hall, falar em discurso significa atentar para questões amplas, de ordem política, de como o conhecimento se articula com o poder, de como produz subjetividades, de como constrói a cultura. A meu ver, porém, e seguindo Foucault, o discurso também dá conta da concretude das enunciações. Ou seja, quando analisamos discursos, é preciso partir da materialidade específica de coisas ditas, gravadas em algum tipo de material, passíveis de reprodução. Por exemplo, ao analisar um programa de TV, daremos conta da linguagem particular desse meio, de todos os detalhes da construção das imagens, da narrativa, da interpretação dos personagens, dos diálogos, da sonorização – os elementos técnicos de que falamos anteriormente. Porém, daremos conta, na mesma medida, de como esses detalhes de linguagem existem, se constroem, no âmbito maior da produção de significados na cultura, e que relação têm com determinados saberes que circulam na sociedade, e como se articulam a lutas muito concretas de interpelação dos sujeitos e de busca de imposição de sentidos. Isso é o que entendo por tratar *discursivamente* um objeto como a TV.

Mas e a representação? Para Stuart Hall (1997b), a representação, em síntese, é a produção de significados através da linguagem; haveria então *sistemas de representação* ou *linguagens*, modos de representar, modos de usar signos diversos, que se referem a objetos, pessoas, ao chamado "mundo real", mas também a sentimentos, a fantasias, sonhos, desejos. Quando fala em representações culturais, Hall enfatiza as práticas culturais de produção de significados, aos modos pelos quais determinados grupos aprendem a conferir significados aos objetos, pessoas e acontecimentos, a toda uma dinâmica que ocorre em circuito (o que o autor chama de "circuito da cultura"): as representações são produzidas e consumidas a partir de diferentes instâncias (os meios de comunicação, por exemplo), e estão submetidas a processos de regulação social, a relações de poder mais ou menos explícitas. Isso está diretamente relacionado à construção de valores, à cristalização de conceitos e preconceitos, à formação de senso comum, à constituição de identidades sociais (inclusive de nação), de gênero, geracionais, étnicas, sexuais, políticas, à produção de subjetividades.

Em resumo: tanto uma como outra perspectiva de análise se apresentam como extremamente ricas e complexas. Tratam a cultura, os grupos, os sujeitos e o conhecimento como produções históricas, como construções. Porém, talvez se possa dizer que analisar artefatos culturais na perspectiva da análise enunciativa de Foucault signifique dar conta mais amplamente de determinados discursos, conforme explicitado neste capítulo – o que não seria preocupação principal de um estudo das representações. Eu diria, em suma, que o conceito de discurso *inclui* o conceito de representação[15], na medida em que, por exemplo, identificar representações de crianças na mídia é um momento fundamental no estudo da construção de um discurso sobre infância na contemporaneidade. Os enunciados de um discurso são tecidos *também* de representações sobre um determinado objeto desse discurso.

---

[15] Da mesma forma, eu diria que o conceito de discurso inclui também o conceito de ideologia. Os teóricos da AD – Análise do Discurso francesa –, como Michel Pêcheux (1990), referem-se não só a *formações discursivas,* mas também a *formações ideológicas.* Não dediquei espaço à discussão da ideologia em programas de televisão, para não acentuar um tipo de estudo da mídia que me parece bastante reducionista, na medida em que constantemente parece estar buscando o que "está por trás" de cada imagem ou texto. Acho mais produtivo examinar toda a riqueza e peculiaridade dessa linguagem e desses inúmeros materiais audiovisuais. Nestes, certamente, estão em jogo questões ideológicas, e isso deverá merecer atenção e será tratado como mais um elemento do discurso da mídia.

Uma proposta de roteiro para análise de produtos televisivos

Trago aqui, para efeito de exemplificação, um roteiro de análise de materiais de cinema, TV e vídeo que tenho utilizado para alunas de graduação do Curso de Pedagogia. Com as devidas adaptações, roteiro semelhante é sugerido para o estudo de outros materiais da mídia, como revistas e jornais, inclusive CD-ROMs, páginas da Internet, programas de rádio, composições de Música Popular Brasileira. Para aqueles que, em nível de Mestrado ou Doutorado, estudam a mídia e seus produtos, talvez as sugestões aqui contidas possam também ter alguma utilidade. Como se verá, todas as discussões anteriormente feitas neste livro e especialmente neste capítulo, fazem-se presentes aqui, direta ou indiretamente. A última, sobre discurso e representação, será contemplada de modo particular no item final do roteiro, quando então voltaremos a tecer algumas considerações sobre a pertinência desse tópico nas investigações sobre TV.

Outra observação importante: o que aqui é sugerido pode perfeitamente ser aproveitado no trabalho de professores e professoras com seus alunos nos diferentes níveis de ensino. Acredito, entretanto, que a formação do professor para esse fim é anterior, é condição *sine qua non* para qualquer investimento com as crianças e jovens aos quais se *endereça*, afinal de contas, o trabalho pedagógico. Este roteiro pode ser utilizado das mais diferentes formas e nas mais diferentes ocasiões: pode ser seguido por inteiro, num trabalho sistemático, como ocorre nas aulas que ministro para estudantes de Pedagogia, como pode ser utilizado como referência, para trabalhos de formação continuada com professores de Ensino Fundamental e Ensino Médio; pode também servir de sugestão para atividades que esses professores venham a realizar com seus alunos e alunas. O que desejo é mostrar as muitas possibilidades de estudo da TV, no sentido explicitado ao longo deste livro: de ampliar a compreensão a respeito do currículo escolar, de modo que este incorpore decisivamente os tantos aspectos da cultura na prática pedagógica, os tantos saberes que circulam na sociedade e que participam da formação de crianças e jovens – entre os quais certamente estão os saberes e práticas tratados nas imagens, textos e sons produzidos e veiculados pela televisão[16].

Pergunta número um: Que tipo de programa é esse?

Escolhido o produto a analisar, começamos por definir de que tipo de programa se trata. Qual o seu "gênero": a) Trata-se de ficção? Mas que tipo de ficção? Seriado, telenovela, minissérie, caso especial?; b) Será um programa da área de telejornalismo, um telejornal, um documentário, uma reportagem especial?; c) Ou será um programa de humor?; d) Escolhemos um produto publicitário? É um comercial isolado ou se trata de uma peça num conjunto ou sequência? Ou é uma campanha institucional?; e) Nada disso: trata-se de um programa instrucional, didático? f) Ou ainda: é um programa de entrevistas? Um *talk show*? Afinal, de que tipo de programa se trata?

Usei uma classificação talvez grosseira de programas ou produtos televisivos, a qual remete à ideia de *gênero* de programas. Ora, a maioria dos estudiosos da área de comunicação afirma que, neste mundo pós-moderno em que vivemos, torna-se cada vez mais difícil estabelecer nítidas distinções entre gêneros televisivos. Como distinguir cultura de massa e cultura erudita, se o CD com os principais momentos de uma ópera pode ser ouvido dentro de um supermercado, enquanto se enchem carrinhos de latas de azeite, biscoitos, iogurtes ou caixas de sabão em pó?

---

[16]Vale dizer que o roteiro aqui sugerido pode ser perfeitamente adaptado a outros produtos midiáticos, sejam eles um filme, uma revista em quadrinhos, um programa de rádio,uma reportagem de jornal, um *site* da internet. Certamente, as principais adaptações têm a ver com a linguagem específica do meio escolhido.

Como delimitar com precisão os vários tipos de mídias, quando nós mesmos somos mídia, como diz Umberto Eco (1984), na medida em que nosso corpo e a camiseta que vestimos, juntos, "vendem" a grife da loja em que foi feita a compra? Então, como distinguir gêneros de programas de TV, quando, por exemplo, se torna tão tênue a distinção entre programas de ficção e programas informativos? Basta lembrar o quanto os telejornais, documentários e programas de reportagens cada vez mais recorrem a simulações do que poderia ter ocorrido ou do que poderá ocorrer: atores e cenários são criados para reconstituir um crime ou para mostrar didaticamente ao espectador um determinado acontecimento ou previsão. E, ao inverso, lembremos o quanto as telenovelas ou mesmo os comerciais recorrem a "fatos reais", ora colocando personagens de ficção a discorrer sobre assuntos do momento, como a economia de energia, a obediência às novas regras do trânsito, ora buscando personalidades do "mundo real", inclusive atores e atrizes, por eles mesmos, a declinar as maravilhosas qualidades dos serviços de um banco, de um sabonete, de uma pílula antiácida, de um xampu ou de um prosaico caldo de carne.

Mesmo assim, acho que vale a pena distinguir tipos de programas, gêneros e formatos, a partir de um estudo global das chamadas "grades de programação", ou seja, da composição diária da oferta que cada canal disponibiliza ao telespectador. Grosso modo, além dos materiais de publicidade, haveria, como sugere Arlindo Machado (1988), duas grandes modalidades de programação: programas de informação e programas de ficção. Os primeiros são destinados à informação e, em alguns casos, também ao entretenimento (entrariam aí telejornais, documentários, programas de entrevista, programas de auditório, de debate, também programas instrucionais e didáticos). O critério principal dessa classificação é o que se refere à relação do público com o tipo de programa:

os espectadores, num programa deste primeiro tipo, esperarão que ali, naquele lugar, esteja se falando de "fatos", da "realidade", que ali não estejam personagens, cenas de ficção, "coisas imaginadas" para além do "real". À categoria de programas "de fantasia", candidatam-se todas as telenovelas, filmes feitos para a TV, programas de humor, minisséries. Repito: embora esses gêneros estejam cada vez mais misturados entre si, como vimos acima, há que se pensar na relação que se estabelece entre público e TV, a partir dessas duas modalidades. Assim, ao classificar um produto, vale a pena, no trabalho de análise, colocar na mesa essa discussão: quais os limites entre realidade e ficção, entre fantasia e realidade naquele programa? De que modo sua estruturação e sua narrativa lidam com esses dois elementos básicos da narrativa televisiva? Como sugeri acima, somente este aspecto – das relações entre realidade e ficção, realidade e fantasia – poderá ser objeto de interessantes debates em sala de aula, seja com crianças, seja com adolescentes, jovens ou adultos. Como, por exemplo, as crianças acompanham um quadro como o *Retrato Falado*, do programa *Fantástico*, da Rede Globo, em que histórias reais são o mote para uma dramatização que mistura cenas vividas por atores e depoimentos de homens e mulheres que estiveram "realmente" envolvidos com aquele acontecimento bizarro?

Detalhes técnicos da linguagem de TV estão em jogo nessa classificação (ou melhor, nessa discussão sobre gêneros televisivos): por exemplo, uma regra básica da TV é que num programa de ficção, como uma telenovela, o ator não pode olhar para a câmera; isso seria próprio de um telejornal, ou de um programa de entrevista ou de outros programas ditos informativos. Hoje, como vimos, programas ficcionais (e, simultaneamente, neste caso, de humor) como *Os Normais*, da Rede Globo[17], alternam a

---

[16] Programa semanal, de 30 minutos de duração, veiculado originalmente às sextas-feiras, no horário das 23h, tem como protagonistas os atores Fernanda Torres e Luiz Fernando Guimarães. Dez anos depois de seu lançamento, o programa foi várias vezes reprisado, desta vez pela TV a Cabo.

obediência às duas regras, de modo que o espectador entra na narrativa fantasiosa, ao mesmo tempo que é interpelado pelos atores-personagens, que "conversam" conosco, olhando para a câmera, como se nos confidenciassem segredos, a nós, milhões de pessoas, envolvidos com as peripécias de um casal que divide com o espectador suas (a)normalidades.

Como referi ao iniciar a discussão sobre gêneros televisivos, não podemos de forma alguma esquecer aqui um tipo de produção para a TV que poderia ser caracterizado como um gênero que fica acima de todos, e que talvez se constitua o tipo de produção de maior presença na mídia contemporânea: a publicidade. Trato-a aqui como linguagem, como uma espécie de matriz ou modelo para diferentes formas de expressão utilizadas pelos meios de comunicação. Como escrevi em outro texto[18], os mais variados gêneros de programas de TV e a própria prática de consumir TV incorporam uma sintaxe caracterizada pelo acúmulo de belas imagens, apresentadas a nós como fragmentos, cada vez mais esvaziadas de sentido e, paradoxalmente, cada vez mais "necessárias" ao nosso cotidiano. O poder de síntese – comunicar uma série de sentimentos, ideias, valores em apenas 30 segundos – e o poder de dirigir-se a cada um de nós em particular, com agilidade, bom humor e muitas vezes com cuidadoso senso estético, são qualidades que se prestam não somente a vender objetos e instituições, mas sobretudo modos de ser e existir neste nosso tempo.

De qualquer forma, o importante aqui é definir o gênero de programa[19] e prestar atenção às características

---

[17] "Identidade, cultura e mídia: a complexidade de novas questões educacionais na contemporaneidade" (FISCHER, 1999b).

[18] Ver a propósito da tipologia de programas os capítulos "Os gêneros televisuais e o diálogo", "A narrativa seriada" e "As vozes do telejornal", do livro *A televisão levada a sério*, de Arlindo Machado. Também, os capítulos "Os fatos", "A ficção", "A publicidade", do livro *Brasil em tempo de TV*, de Eugênio Bucci (Ver Referências Bibliográficas).

específicas de cada tipo de programa. Uma minissérie será diferente de uma novela ou de um programa especial, embora todos pertençam ao gênero ficcional; da mesma forma, um documentário do GNT terá características diferentes de um programa de reportagens especiais, como o *Globo Repórter* que, por sua vez, terá regras e linguagem bem distintas de um telejornal como o *Jornal da Band* ou o programa de entrevistas *Roda Viva,* da TV Cultura de São Paulo – embora todos pertençam ao gênero de produtos de informação. Um comercial, por sua vez, misturará à sua maneira ficção e realidade, sempre convidando, obviamente, ao consumo.

Pergunta número dois: Quais os objetivos desse artefato? Quais suas estratégias de veiculação? A quem "se endereça"?

Antes de tudo, é plenamente recomendável analisar mais do que um único exemplar de um programa. No mínimo, é preciso considerar o produto escolhido dentro de um conjunto maior, a começar pela descrição dos seus objetivos, em relação ao público-alvo e às próprias estratégias de mercado do emissor (muitas vezes isso é divulgado ou comentado em revistas especializadas e, hoje, também pela Internet, no *site* da emissora ou do canal). Dados sobre a veiculação desse produto são esclarecedores, já que, como vimos, sempre se fala "de algum lugar" e sempre há um "endereço", um destinatário daquele produto. Daí que identificar a emissora (TV a Cabo ou Canal Aberto ou mesmo o *site* da internet), o horário de veiculação, a periodicidade (trata-se de um programa especial, é diário, é semanal?) reveste-se de uma importância estratégica no conjunto da análise.

Quanto ao público-alvo, estamos falando aqui não apenas dos objetivos explícitos dos emissores, mas especialmente do endereçamento que se "lê" no próprio produto, em todas as estratégias utilizadas para falar a um determinado público, aos adolescentes (meninos ou meninas), a grupos das camadas populares, a mulheres das camadas médias, e assim por diante. Lembro aqui a importância de aplicar nesta análise as questões sugeridas por Elizabeth Ellsworth, como vimos acima na seção sobre o conceito de endereçamento: "quem este programa pensa que você é?" e "quem este programa quer que você seja?". Assim, a resposta a este item só terá solução, na medida em que várias outras perguntas forem sendo tratadas no conjunto da análise, como veremos a seguir.

Pergunta número três: *Qual a estrutura básica do programa?*

O trabalho de análise vai exigir que prestemos atenção a detalhes como: o tempo total do programa e a duração de cada parte, bloco ou segmento que o compõem. Assistindo mais de uma vez e atentamente, temos condições de ir decodificando os modos de construir cada parte do programa, os recursos de linguagem utilizados em cada segmento. Dependendo do produto, talvez possamos até reconstruir uma espécie de "curva" na construção do programa e de cada segmento. Assim, podemos perguntar: existiria ali a linearidade de introdução, desenvolvimento e conclusão? Quais os "pontos altos" do programa, em termos de dramaticidade, de envolvimento do espectador?

Mesmo num telejornal, como já comentamos, é possível observar que ele é elaborado dramaticamente também; alternam-se vários tipos de notícias, colocadas numa sequência passível de ser reproduzida num gráfico, que nos mostraria momentos de tensão (notícias de conflitos graves como guerras ou mortes e acidentes trágicos), seguidos de matérias reportando temas menos dramáticos e, finalmente, a oferta dos chamados *fait-divers*, pequenas crônicas, notícias mais leves, bem humoradas ou comoventes (o sucesso de uma cirurgia de transplante, o salvamento de uma baleia atracada em alguma praia deste país ou quem sabe o nascimento de filhotes de jacaré num zoológico do Rio ou de São Paulo) para convidar o espectador efetivamente a ter uma "boa noite".

Estamos aqui propondo um trabalho que tem bastante relação com os estudos de literatura, com a sensibilização do leitor das imagens exatamente para compreender e identificar várias maneiras de narrar, estratégias de contar uma história ou de informar alguma coisa ao outro – no caso, centenas de milhares ou milhões de pessoas. Cada programa terá seus momentos mais dramáticos, mais envolventes, e isso está relacionado ao que já tratamos acima, que são os modos de endereçamento. Em outras palavras, podemos aprender através da curva dramática dos diferentes programas para quem exatamente aquele produto cultural está sendo endereçado. Como? Relacionando os "momentos altos" da narrativa com um certo tipo de público. Se tomarmos uma telenovela como *Porto dos Milagres*, exibida pela Rede Globo, no horário das 20 horas, podemos estudar alguns capítulos, em momentos diferentes da veiculação da novela, e marcar alguns tempos "fortes" da narrativa – no caso, por exemplo, os diálogos escandalosos das personagens de Arlete Sales e Luísa Thomé (Augusta Eugênia e Rosa Palmeirão); de Cássia Kiss e Antônio Fagundes (Adma e Félix) – e nos perguntarmos quem os criadores da novela pensam que são seus espectadores, ou quem se deseja que eles sejam quando expõem as mazelas de um casal, as contradições de uma relação ao mesmo tempo de amor e de conveniência; ou então quando repete à exaustão as oposições e contradições entre o bem (a dona do bordel) e o mal (a ambiciosa e moralista "dona da igreja"). Há um tipo de mulher a quem se endereça a novela; misturam-se, aliás, vários tipos de mulher em todas essas personagens e relações que "apanhamos" a partir da identificação dos momentos fortes da narrativa escolhida. Que diferenças são essas? Como elas se relacionam com outros produtos, como os comerciais, inseridos nos intervalos da novela?

Pergunta número quatro: Afinal, de que trata esse programa? Quem fala e de que lugar?

Aqui, a sugestão é que se procure identificar uma possível temática e aqueles que falam no programa. Quais os principais temas em jogo nesse artefato cultural? Quem fala nesse programa? De que lugar social ou individual essa ou essas pessoas falam? Qual a especificidade desses personagens, locutores, convidados, participantes (ou seja, o que será que os faz "estar ali"?). O levantamento dos assuntos não se separa do próprio modo de tratá-los e, especialmente, da escolha daqueles que tomarão a palavra (sejam eles entrevistados, apresentadores, convidados; sejam eles personagens de ficção). Adolescentes e jovens certamente ficarão bastante envolvidos no estudo de um programa como *Amor e Sexo*, apresentado por Fernanda Lima, na Rede Globo (em exibição em 2011): poderão analisar várias emissões do programa, levantar as principais questões sobre amor e sexo, trazidas pela produção e pelos próprios participantes do auditório; poderão descrever quem são aqueles que falam no programa – quem pergunta, quem pode responder, quem simplesmente opina, quem afirma com voz de autoridade, quem enfim tem poder de verdade, e assim por diante. Trata-se de um trabalho de pesquisa mas também um trabalho decisivamente educativo, conectado com estes tempos, já que se ocupa de incentivar a tarefa de discriminação, numa época em que nos chegam tantas imagens e informações, de tão inúmeras e diferenciadas fontes.

Quando o estudo da televisão se torna uma prática frequente no espaço escolar – em qualquer nível –, é possível que professores e alunos se deem conta de como assumem relevância certos temas na sociedade, na medida em que se tornam públicos, debatidos nesse espaço amplo da televisão. Referi-me no capítulo anterior a alguns assuntos recorrentes na mídia, como os referidos ao corpo e à sexualidade, à exposição exacerbada da intimidade, a modos de tratar os chamados "diferentes". Havendo um trabalho sistemático de estudos dos materiais da mídia, é bem provável que outras temáticas sejam apontadas; e dependerá muito do professor, de sua sensibilidade, aproveitar essas descobertas e transformá-las numa fonte inesgotável de formação dos mais jovens: formação em relação ao senso e ao gosto estético, ao debate político, ao debate e à expressão de ideias, opiniões e posicionamentos éticos, e assim por diante.

Pergunta número cinco: Com que linguagens se faz este produto?

Neste tópico, preocupo-me com todos os recursos utilizados pela linguagem audiovisual. Como se dá a distribuição do texto em relação às imagens? O que caracteriza a sonorização do programa, como ela marca a narrativa? Como os diferentes espaços (cenários) se entrelaçam para comunicar algo? Como caracterizar o texto das falas e diálogos (refiro-me ao material linguístico propriamente dito)? Como pode ser descrita a "sintaxe" das sequências narrativas: ou seja, como se vão encadeando as imagens umas às outras (o que caracteriza a "edição" das imagens e sons)? De que modo um (ou mais) personagem conduz as sequências? Como se poderia caracterizar o ritmo do programa, a velocidade das imagens, o tempo das sequências? E os planos – como se constrói o programa com relação ao tipo de planos (primeiros planos, detalhes, planos médios, panorâmicas, etc.)?

Os modos de construir um programa de televisão, desde a elaboração do roteiro, a realização das gravações, a edição e a sonorização – passos básicos a serem percorridos, na produção da maioria dos materiais televisivos –, devem sempre ser vistos a partir de uma perspectiva bem ampla. Isso quer dizer que é preciso considerar o produto dentro do conjunto da programação de uma emissora e mesmo do conjunto de toda a oferta que se faz ao público, seja por parte das grandes redes de TV, seja pelos canais de TV a Cabo. Também é necessário acrescentar que há um certo modo de ser da linguagem televisiva, que está presente em quase todos os seus produtos. Lembro aqui o que a estudiosa Beatriz Sarlo escreve sobre a linguagem da TV e sobre o que ela chama de "televisibilidade" – termo que pode ser entendido como a construção de um certo estilo-padrão de se fazer televisão, uma certa forma de usar gestos e palavras, para que o telespectador reconheça aquilo que está sendo mostrado; mais do que isso, para que ele reconheça aquilo efetivamente como *televisão*. "A televisibilidade – escreve Sarlo – é o fluido que dá consistência à televisão e assegura um reconhecimento imediato por parte de seu público" (SARLO, 1997, p. 67).

A autora, repito, está tratando da linguagem da TV num sentido bem amplo, como estratégia não só de um programa, mas do conjunto de produtos que ela nos oferece. Acho importante fazer tal discussão neste tópico do roteiro em que a atenção recai sobre a ou as linguagens da TV. Quando estudamos um programa em particular, não podemos perder de vista essa perspectiva mais ampla, que aponta para características gerais da TV (algumas, como vimos acima, ligadas diretamente ao fato de se tratar de imagens eletrônicas, produzidas e emitidas de modos muito específicos). Beatriz Sarlo afirma que até poderá haver rupturas significativas em relação à linguagem básica da TV, mas há alguns traços fundamentais a que vamos sendo habituados, e que os diferentes produtos televisivos procuram não abandonar: a velocidade e o excesso de imagens em detrimento da quantidade de informação; a variada repetição do mesmo (repetem-se os temas, os personagens, os ritmos, em produtos supostamente novos)[20]; os planos e sequências breves e o ritmo rápido (como se o espectador só pudesse ficar atento diante de imagens de curta duração), uma certa dose de sentimentalismo, a simples justa posição (em detrimento da subordinação) de imagens e informações. Este último item considero da maior importância na análise da TV, pois nos remete a uma investigação sobre os modos pelos quais aprendemos a nos informar através da televisão: num telejornal, por exemplo, vamos recebendo informações que em geral apenas se justapõem; ou seja, temos "pílulas" de informações, breves, quase sempre apresentadas sem que sejam explicitados o porquê, o para quê e o como. Fica-se sabendo pela TV, por exemplo, que um senador da República e presidente do Congresso solicitou licença de seu cargo; a seguir, é adicionada a informação de que os atos de corrupção daquele político continuam a ser investigados; mais adiante, acrescenta-se que o Presidente está acompanhando a movimentação do Congresso Nacional sobre o senador afastado e que por enquanto não irá manifestar-se a respeito. Só nessa sequência sobre o mesmo fato podemos observar que a tônica é a justaposição, a adição de informações, sem que o espectador seja convidado a estabelecer relações um pouco mais substantivas e complexas sobre o fato. É o que Beatriz Sarlo chama também de "ausência de matizes", de diferenciações de argumentos e mesmo de imagens, num sentido mais amplo.

Minha proposta é que, neste item do roteiro, se preste atenção a todos os detalhes de tessitura do produto televisivo, em que, do ponto de vista daquele que olha, se descreverá de que modo os criadores daquele telejornal, daquele desenho animado, daquele capítulo de minissérie

---

[19] Em outro texto – "O estatuto pedagógico da mídia", publicado em *Educação & Realidade* (Ver Referências Bibliográficas) – escrevi sobre esse tema, especificamente na seção intitulada "A repetição que tranquiliza: uma forma de produzir identificação entre TV e público" (FISCHER, 1997, p. 69-74).

construíram um artefato "x". Poderá sobressair na análise o uso da linguagem verbal, o vocabulário utilizado, a dramaticidade dos diálogos. Poderá também ser assinalado de que modo, num certo anúncio publicitário por exemplo, toda a força recai sobre a sonorização, a frase melódica, o trecho de uma certa composição musical – recurso que muitas vezes conduz fortemente a leitura que nós, espectadores, fazemos de um certo material. Se se tratar de um programa ao vivo, talvez interesse estudar de que modo as câmeras procuram captar as imagens supostamente de maior interesse do grande público. Poderá também dar-se atenção às relações possíveis entre um tipo de linguagem escolhida e um certo público a que o produto é endereçado.

O especial sobre Chico Buarque de Hollanda, veiculado pelo canal Multishow, no ano de 2000[21], pode ser trazido aqui como exemplo de documentário que sobressai por não repetir conhecidas fórmulas de programas sobre figuras importantes, como a deste que é um dos maiores compositores, poetas e músicos deste País. A narrativa se faz a partir da poesia e da música do autor, e as falas, dele e de outras pessoas (como Maria Bethânia e Oscar Niemeyer), percebe-se que se encadeiam às imagens e aos trechos de composições, sem que se esteja defendendo uma tese sobre Chico, sem que se caia no sentimentalismo de que nos fala Beatriz Sarlo, nem na busca de curiosidades da vida privada. Não é a história de sua vida, não é a invasão de temas como a separação do cantor e da atriz Marieta Severo, não é o relato de suas fases como compositor: é o documento de uma rica expressão poética, em que sobressai justamente uma linguagem pouco comum na televisão, a da própria poesia, neste caso, tornada poesia televisiva. O documentário prova que as

---

[20] Documentário de 80 minutos produzido em película pela produtora de cinema Conspiração Filmes, em parceria com a gravadora BMG Ariola e o Canal Multishow.

possibilidades de realização em TV são muitas e podem atingir níveis muito altos, em termos de criação estética e de tratamento de temáticas pouco exploradas. Guardadas as devidas diferenças, o mesmo se pode dizer do famoso *Auto da Compadecida*, de Guel Arraes, programa de TV que depois foi realizado em filme, com significativo sucesso de público.

A propósito, gostaria de sublinhar que o trabalho educacional com imagens da TV tem a função de também propiciar a pesquisa, o levantamento, a discriminação de tipos de programas, de tipos de produtos, de modo a não reduzir-se a uma crítica às vezes unicamente ideológica à televisão. Nesse sentido, concordo bastante com Arlindo Machado, quando este se ocupa em selecionar grandes momentos da televisão nacional e internacional, em seu livro *A televisão levada a sério*. Em outras palavras: espera--se que os professores empenhados em operar com as imagens da TV no cotidiano da escola se ocupem também em selecionar vídeos, filmes de animação, programas de televisão, conforme determinados objetivos, relacionados ou à construção propriamente da linguagem audiovisual, ou ao debate em torno de certos temas de interesse educacional, ou ainda ao aprendizado da fruição de imagens, textos e sons – que se dará especialmente pela exibição de materiais selecionados com o devido cuidado. Nesse sentido, considero de extrema valia que se façam levantamentos também entre os alunos e alunas, sobre suas preferências e gostos em relação a esses produtos da mídia.

Pergunta número seis: Que relações fazer entre esse artefato da mídia e outros problemas, teorias ou temáticas de interesse para a educação?

Que outras ideias, observações, relações podem ser levantadas e comentadas a partir do que se viu, ouviu e sentiu diante das imagens e sons, palavras e emoções, informações e sensações presentes no programa escolhido?

Como estabelecer relações entre o pedagógico escolar e o pedagógico da mídia, no produto em questão? Que discursos e representações culturais e sociais estão em jogo nesses materiais? Que teorias do campo das Ciências Humanas e Sociais podem ser relacionadas ao que é mostrado nesse material? Perguntas como estas são feitas aqui para orientar possíveis debates, reflexões e elaborações, suscitadas por todo o trabalho feito em relação ao filme, programa da TV, desenho animado em questão, a partir dos itens do roteiro aqui proposto. As questões, como se pode ver, remetem a níveis bem diferenciados de estudo, desde aquele que se faz com uma turma de adolescentes, até aquele que ocorre com grupos de professores, alunas de Pedagogia ou mesmo entre pesquisadores de pós-graduação.

Por exemplo, a análise de um programa sobre tráfico de drogas, como o premiado documentário de João Moreira Salles (*Notícias de uma guerra particular*[22]), poderia sugerir debates sobre como em nossa cultura facilmente transformamos pessoas, fatos e até sentimentos em espetáculo (a vida do traficante apelidado de "Marcinho VP", por exemplo). Outros programas – ou esse mesmo – poderão talvez sugerir um estudo de como a televisão se torna para nós um lugar de credibilidade, talvez porque instituições tradicionais, como a própria escola, estejam perdendo força como lugar de identificação e até de acolhida das pessoas[23].

Em termos políticos, pode-se tomar a análise de um conjunto de programas ditos "populares" e debater a respeito de como a TV tem ocupado um espaço importante na cultura, oferecendo-se como uma instância que acolhe os grupos menos favorecidos, os desprotegidos,

---

[21] Filme-documentário exibido pelo canal GNT (TV a Cabo), dia 12 de janeiro de 1999.

[22] Sobre esse tema, o livro de Néstor Canclini, *Consumidores e cidadãos – conflitos multiculturais da globalização* (Ver Referências Bibliográficas).

não exatamente para resolver seus problemas, mas para oferecer-lhes "um espaço de reivindicações e, também, de indenizações simbólicas", como escreve Beatriz Sarlo (idem, p. 79). É o caso de programas que recebem pessoas simples para contarem lá seus dramas de doenças incuráveis ou de violência familiar ou para, quem sabe, finalmente encontrarem um marido ou namorada na TV. Outras perguntas podem ser acrescentadas nesse debate: quais as relações entre televisão e democracia? Em que medida a TV participa cada vez mais da construção de um tipo muito particular de "sentido de comunidade"? (COELHO, 2001, p. 2).

Para finalizar: quando propomos que a TV se torne objeto de estudo para professoras e professores, no seu trabalho com crianças, adolescentes, jovens e adultos, não separamos em nenhum momento aquilo que se convencionou chamar de *forma*, daquilo que nos acostumamos a tratar como *conteúdo* ou mesmo como *mensagem*. Tanto no primeiro capítulo como neste, mesmo que o foco de atenção em cada um seja distinto, busquei acentuar o quanto se entrelaçam as questões de linguagem propriamente dita – os recursos audiovisuais, de imagem, som, textos, edição, a escolha de planos e ritmos, a seleção de apresentadores e atrizes, a tipologia de gêneros de programas, a própria condição de imagem eletrônica e do tamanho da tela da TV, também da situação peculiar de recepção em ambiente doméstico, *iluminado* pelo cotidiano de uma sala de estar ou de um quarto de dormir – e as questões culturais, políticas e sociais mais amplas, da presença desse meio na vida de milhões de pessoas, todos os dias, sem falar nas inúmeras temáticas tratadas nesses produtos e, por fim, as relações desse meio e dos produtos que veicula com a dinâmica do mercado e da publicidade e das relações econômicas em jogo.

A experiência com professores e também com alunas de cursos de Pedagogia, além de investigações diversas sobre mídia, cultura e produção de subjetividades, permitem-me afirmar que, quanto mais aprendermos sobre a linguagem das imagens audiovisuais, quanto mais nos debruçarmos atenciosa e prazerosamente sobre esse objeto *televisão, mais ampliamos nosso entendimento do que seja efetivamente o currículo escolar – algo que ultrapassa a relação e distribuição de conteúdos e disciplinas ao longo de séries e níveis de ensino. Mergulhar nesse universo das diferentes formas e estratégias de produção, veiculação e recepção de artefatos culturais é participar de uma investigação permanente sobre nós mesmos, nossa cultura, as relações de poder em nossa sociedade, os modos de constituir sujeitos e de interpelar indivíduos e grupos sociais. É também fazer o aprendizado da fruição de um tipo de produção muito específico que, de um modo ou outro, nos olha e recebe, cotidianamente, o nosso olhar.* É, em última instância, um trabalho que se faz sobre nós mesmos, no sentido de uma operação ética e estética, fundamental para nossos tempos.

CAPÍTULO III

A TV COMO OBJETO DE ESTUDO NA EDUCAÇÃO: IDEIAS E PRÁTICAS

Sylvia Magaldi

Nos últimos dez anos, temos presenciado no Brasil o crescimento do espaço reservado à televisão na área da educação pública. Levantando a bandeira de que a TV deve ser posta a serviço da melhoria do ensino básico, o Ministério da Educação criou um canal exclusivo para as escolas de todo o país. Em convênio com os órgãos estaduais e municipais, equipou a rede pública com antenas parabólicas, videocassetes e televisores, para assegurar a recepção do canal, a gravação e o posterior uso dos programas. Não cabe aqui a análise desse projeto, chamado TV Escola. Mas, apesar dos equívocos e tropeços no planejamento, implantação e orientação pedagógica, o TV Escola criou um fato novo: viabilizou as condições de entrada da informação audiovisual na escola.

Por outro lado, no universo dos canais abertos, programas de qualidade cultural e, portanto, de potencial educativo relevante são encontrados nas emissoras públicas ou estatais, como a TV Cultura de São Paulo, a TVE do Rio de Janeiro e demais TVs educativas regionais, como as de Minas, Rio Grande do Sul, Bahia, Pernambuco, Maranhão. A expansão dos serviços de TV a cabo também vem permitindo, nas cidades maiores, o aumento do acesso das escolas a canais que veiculam bons programas. É o caso do Discovery, do GNT, do National Geographic, do Eurochannel, do Globo News. Caso especial, o Futura apresenta-se como "o canal do conhecimento" e dedica à escola e ao professor boa parte de sua grade de programação.

Funcionando em tempo integral, ele é mantido pelo patrocínio de grandes empresas e pilotado pela Fundação Roberto Marinho. Cabe destaque, ainda, ao STV – Rede SESC/SENAC de Televisão, canal educativo que vem melhorando continuamente a qualidade e variedade de seus programas. E vale lembrar, ainda, que o Ministério da Cultura lançou em maio de 2001, também via cabo, o TV Cultura e Arte.

Os fatos, no entanto, indicam que a TV e o vídeo, no ensino fundamental e médio, são tratados, geralmente, como meros recursos didáticos que podem, eventualmente, atenuar o desinteresse dos alunos. Presos a suas rotinas (temáticas e metodológicas) e despreparados para o uso desses meios, os professores, em sua maioria, não conseguem articular organicamente os audiovisuais contemporâneos ao processo pedagógico. A presença dos equipamentos em grande parte das redes públicas não significa que eles estejam sendo usados com proveito. Em inúmeras escolas, mesmo, eles permanecem sem uso algum.

Acredito que mobilizar a televisão como recurso de aprendizagem faz sentido e pode tornar-se um elemento realmente significativo no contexto escolar, desde que fiquem bem compreendidos suas funções e seus limites pedagógicos. E, claro, desde que os professores interessados recebam uma preparação consistente para fazê-lo.

No entanto, trabalhando nesse campo, convenci-me de que é necessário ir mais fundo: a TV precisa entrar nas escolas e na formação dos professores não apenas como recurso, meio, mas também – e sobretudo – como objeto de estudo. Televisão para ajudar a educar, sim, mas simultaneamente a uma educação para a televisão. A formação para a cidadania não pode mais dispensar uma consistente educação para as mídias, em especial para a mídia televisual. Como formadora de comportamentos e opiniões, a TV exerce um poder sem precedentes. Não cabe negar esse fato, nem abordá-lo emocionalmente.

Cabe, sim, educar para uma compreensão objetiva e crítica da linguagem e das mensagens da TV, para a identificação de como ela funciona enquanto mídia comercial, de como ela interage com as realidades socioculturais e políticas no mundo todo, mas de modo especial no Brasil.

Dado que a televisão nos alcança em todo tempo e em toda parte, dado que nenhuma faixa etária, nenhum campo de atuação, nenhuma classe de renda fica imune a ela, dado que a maior parte da população brasileira não tem acesso regular a outras fontes de informação, além do rádio e da TV, não sei que outra realidade contemporânea mereceria, mais do que essa, um tratamento de prioridade educacional. No entanto, a esse quadro, a educação escolar tem respondido, regra geral, com lamentável desinteresse. É certo, também, que muito pouco tem sido feito para oferecer aos educadores abordagens esclarecedoras e instigantes sobre a mídia televisual com o objetivo de suscitar a atenção, despertar e alimentar a necessidade de aprender mais sobre a questão.

As ideias e atividades relatadas a seguir resumem o caminho que venho trilhando rumo a duas metas: desenvolver minha própria aprendizagem em relação ao binômio educação e televisão e colaborar para a formatação, entre esses dois termos, de conexões que os aproximem e os fertilizem mutuamente.

Primeiras descobertas

Durante quinze anos trabalhei em projetos de ensino que incluíam televisão, bem como em programas de TV que, embora com formatos diversos, buscavam objetivos educativos. Ocupava-me, então, com tarefas e problemas decorrentes de seu planejamento e criação. Participando, na TV Educativa do Rio de Janeiro, do polo produtor e transmissor do sistema, muito aprendi, entre erros e acertos. No entanto, sentia-me cada vez mais inquieta quanto a questões para as quais era difícil dispor de respostas pesquisadas: como os diferentes públicos recebem nossos programas? Como os compreendem? Como reagem emocionalmente a eles? O que pensam deles? Afinal, o polo receptor era a razão de ser de nossos esforços: que relações estariam sendo criadas entre os telespectadores e as mensagens que lhes enviávamos?

Essas questões levaram-me a tomar consciência de que também eu – como educadora e como telespectadora – fazia parte do imenso público receptor da programação televisual disponível... E nunca pusera em prática uma atenção direcionada para a qualidade de meu desempenho, nesse polo!

Comecei, então, a observar como era meu comportamento habitual diante da TV de cada dia. Uma relação bem superficial! Televisor rotineiramente ligado, quase sempre os mesmos programas, assistidos em meio a telefonemas, conversas, tarefas domésticas. Grande fartura de mensagens comerciais, entremeadas por programas de informação e de entretenimento... quem não conhece? Do ponto de vista teórico, eu lera bastante sobre a televisão como mídia e seu impacto sobre múltiplas facetas da vida contemporânea. Já tinha consciência de que a utilização intensa da linguagem audiovisual tinha se tornado, talvez, o fato cultural mais marcante e onipresente da última década do século XX. Um fenômeno irreversível, poderoso irradiador de influências, impossível de ser bem compreendido fora de seu contexto social, econômico, político e tecnológico, caracterizado por crescente complexidade de fatores e aceleração de mudanças.

Como educadora, porém, faltava-me o principal: tentar compreender vivencialmente essa realidade, presente em casa, no trabalho, em toda parte. Foi uma viagem cheia de aprendizagem e muitas descobertas. Uma delas, radical, tornou-se o fundamento das demais: tentar apreender a mensagem audiovisual, de saída, através de uma abordagem intelectual (identificação e análise de cada elemento, busca da lógica de seu desenvolvimento) é um equívoco.

Por sua própria natureza, essa linguagem – cuja base é a mixagem de imagens, sons e palavras – nos alcança através dos sentidos, da pele, das emoções. É preciso senti-la (como ocorre com a música) para poder depois, compreendê-la, pensar sobre ela, analisá-la, interpretá-la. Senti-la com os ouvidos e com os olhos, ou seja, colocá-la dentro de si, participar dela.

Essa característica da linguagem audiovisual fez-me compreender boa parte das dificuldades que professores e educadores em geral encontram em relação a ela. Em plena era das multimídias eletrônicas e de seus múltiplos, velozes e fragmentados mosaicos de sons, formas, cores e palavras, nosso preparo escolar e acadêmico ocorre quase exclusivamente na esfera do verbal, do conceitual, do linear. Do mesmo modo, a esfera das sensações, emoções e sentimentos não costuma merecer a importância – vital – que demanda, na formação que nos é proporcionada, tanto pessoal quanto profissionalmente.

Também aprendi a selecionar o que ver, não mais pelo critério subjetivo do gosto/não gosto, mas, então, com o objetivo de prestar atenção e tomar conhecimento, gostando ou não. Para isso, tive de quebrar rotinas, acomodações e preconceitos, sintonizando e examinando programas de todo tipo, a que nunca dera atenção. Foi preciso aplicar o princípio de que é indispensável dispor de repertório abrangente para conseguir opções satisfatórias.

Educar *para* e *com* a TV: os cursos-oficinas

Passei então a imaginar como poderia ser um trabalho pedagógico que ajudasse o público em geral, em particular os professores, a defrontar-se com a TV com nova atenção, direcionada tanto para perceber como uma mensagem sensibiliza e emociona (de modo pessoal e intransferível), quanto para ler e analisar essa mensagem. Qualquer programa, qualquer comercial pode comover, irritar, impacientar, sobressaltar, alegrar, encher de paz...

Podemos aprender a viver e fruir essa experiência, prestando atenção em nossas próprias reações e, num segundo momento, aprendemos a distanciar-nos delas para pensar sobre o que assistimos. Quais seriam seus prováveis objetivos? Que conteúdos veiculava? Que formas, em termos de imagem, som e texto, foram escolhidas para expressá-los? Só por aí, pouco a pouco, adquirimos os fundamentos indispensáveis para formular uma interpretação e uma crítica consistente, ultrapassando clichês e opiniões superficiais.

Seria muito desejável poder oferecer, aos mais variados públicos, programações voltadas para melhorar sua qualificação enquanto telespectadores. As áreas de educação não formal têm multiplicado os dispositivos (presenciais, a distância ou mistos) de atendimento às clientelas que não chegaram ou que já saíram da escola, em todos os seus graus e modalidades. Não obstante, estou convicta de que é no âmbito da educação escolar que educar para a televisão é tarefa que precisa ser incorporada, por professores e por alunos.

Educar para a televisão consistiria em introduzir nas escolas um processo de aprendizagem de leitura e análise de comerciais, programas de TV, filmes e obras videográficas. Do mesmo modo que a leitura da linguagem verbal, essa aprendizagem exige basicamente uma prática devidamente apoiada e orientada. A leitura audiovisual mais qualificada expande a capacidade de compreender, distinguindo e ao mesmo tempo integrando conteúdos e formas. Apura a percepção visual e auditiva, permitindo identificar e apreciar a composição imagem/som/texto, que é a própria essência dessa linguagem e fonte de sua atração. Possibilita, assim, aprender bastante sobre como ela é escrita, ou seja, como se dão as etapas de criação, produção e edição de cada mensagem – seja ela um comercial, um telejornal, um programa de auditório ou um capítulo de novela.

Uma leitura mais qualificada permite-nos dar conta de que, na televisão, nada é simples: mais e mais se tornam fluidas, por exemplo, as interfaces entre a informação, a ficção, a publicidade comercial, a propaganda. Mais e mais se tornam complexas questões como a veracidade da informação e a qualidade das programações: nada é inocente.

No tempo daqueles primeiros cuidados, no entanto, não me dava conta, ainda, de muito do que estou expressando agora. Parecia-me, apenas, que educar para a mídia televisual se constituía numa real necessidade, e um trabalho sério nesse rumo poderia resultar promissor. Principalmente porque teria de ser, antes de mais nada, muito prazeroso e instigante.

As interrogações norteadoras

A primeira oportunidade que tive para planejar e realizar uma atividade voltada para a linguagem audiovisual aconteceu no SENAC de São Paulo, tendo sido meu parceiro Marcos Pompeia, professor de filosofia e roteirista, a quem devo muito do que pude fazer nessa área, desde então. Eram encontros semanais de três horas de duração, que chamamos "Série Imagem e Educação". Destinavam-se preferencialmente a professores, dando prosseguimento a oficinas de leituras de vídeo para educadores, que já vinham sendo ali realizadas há algum tempo.

Nessa ocasião, senti necessidade de oferecer ao grupo algo que sinalizasse a rota e os objetivos que desejávamos alcançar. Fiz isso sob a forma de perguntas. Revendo-as, hoje, acho que continuam sendo válidas, porque partem da essência da questão. De algum modo, elas nortearam a criação dos cursos-oficinas que serão exemplificados mais adiante. Aí vão elas:

- que, precisamente, faz a TV e o vídeo tão atraentes para os mais diversos públicos?
- que significa a expressão linguagem, aplicada ao audiovisual em geral e, em particular, à televisão?

- É preciso aprender a linguagem audiovisual (como se faz com outras linguagens) ou quem vai ao cinema e assiste a vídeos e TV se torna naturalmente "alfabetizado", ou seja, capaz de lê-la, compreendê-la, interpretá-la e identificar como ela é escrita?

- A linguagem e as programações da TV comercial serão, efetivamente, os principais fatores responsáveis pelo empobrecimento da linguagem verbal, cada vez mais maltratada em toda parte? E, também, pelo crescente e escancarado desinteresse das crianças e dos jovens, acompanhado pela impotência e desânimo dos professores, em relação aos estudos escolares?

- A agência social chamada "escola" foi criada, um dia, para cuidar da transmissão e do desenvolvimento da cultura letrada, filha da linguagem verbal e do livro. Se essa função original se esvazia sempre mais, como é que fica a escola? Qual seria o perfil e a proposta cultural para uma nova escola que voltasse a ter funções significativas, no contexto contemporâneo?

- Por que não poderiam as linguagens verbal e audiovisual vir a conviver e interagir na escola, criativa e produtivamente, enriquecendo a formação de educandos e de educadores? Como caminhar para isso?

No âmbito dos comentários que se seguiam à leitura dessas interrogações, sempre dizíamos aos participantes que não deviam esperar por respostas explícitas. Que fazer boas perguntas, no processo educativo, é sempre mais produtivo que encontrar respostas imediatas. Que uma das funções das perguntas é a de, sem pressa, estimular nossa inteligência, ajudando a compreender melhor as dúvidas que as geraram. O mesmo digo, agora, aos prezados leitores!

Muitos "cursos-oficinas" se seguiram aos encontros realizados no SENAC. Chamei-os assim porque, a meu ver, sua proposta ultrapassava a de um simples curso, uma vez que se demandava um forte trabalho pessoal de cada participante. Sua programação foi sendo aperfeiçoada à medida que se ampliava e selecionava o repertório de vídeos utilizados e, claro, à medida que eu própria aprendia. A metodologia de trabalho, igualmente, melhorou muito. E a receptividade dos participantes foi o indispensável estímulo.

Os objetivos e as atividades

Caracterizo aqui, a título de exemplificação, a natureza de um curso-oficina básico, destinado à preparação inicial de um grupo de professores para posterior desenvolvimento, na escola, de um programa mais abrangente de educação para a televisão.

Organizado para cerca de 25 participantes, em cinco sessões de três horas de duração, dei-lhe o título de "Iniciação à televisão, sua linguagem, mensagens, emoções e truques". Na programação geral, sempre distribuída e comentada com o grupo, ao longo das sessões, apresento os seguintes objetivos:

- Propiciar aos participantes experiências significativas na linha da identificação e descoberta da linguagem audiovisual, com a qual se convive em todos os ambientes, geralmente sem que se preste a ela uma atenção intencionalmente direcionada.

- Oferecer exemplificação prática para análise, reflexão e interpretação crítica consistente da mídia televisual e do vídeo, em seus principais gêneros.

- Mapear diferentes funções pedagógicas que os audiovisuais podem assumir com eficácia e fazer compreender as exigências de uma adequada preparação para o uso do vídeo nos processos educativos.

- Discutir a ideia de uma educação para a mídia televisual, suas finalidades e principais características.

O trabalho proposto aos participantes consiste numa sequência (flexível) de práticas: assistir e reagir, verbalizar, ouvir o relato das diferentes percepções; voltar a assistir, distanciar-se, analisar em grupo, refletir sobre o conjunto da experiência.

Como o eixo de tudo está nos exercícios de ver-e--ouvir, ou leituras audiovisuais, é preciso dispor de uma seleção cuidadosa de programas de TV, peças videográficas e filmes, em gravações VHS, o que permite que os participantes percorram os principais gêneros televisuais: comerciais e propagandas, telejornalismo e documentários, entretenimento infantil e adulto, ficção narrativa – com ênfase na telenovela e no desenho animado, bem como a esfera dos programas especificamente chamados "educativos".

A partir de cada leitura selecionada, a primeira etapa é a de incentivar cada pessoa a prestar atenção em sua própria sensibilidade para tomar consciência de como a telinha provoca em nós reações emocionais instantâneas. Trabalha-se em especial o papel reservado aos sons. As pessoas falam sobre aquilo a que assistiram, e com isso descobrem que cada um viu, ouviu e sentiu a mensagem de modo diferente. Importante, nessa altura, é a experiência de assistir de novo, quando as percepções auditivas e visuais se ampliam e apuram.

Esse aprendizado torna possível exercitar, como segundo passo, o distanciamento necessário à identificação dos objetivos, dos conteúdos temáticos e das formas audiovisuais. É o momento da análise, no qual se pede aos participantes que identifiquem e descrevam, no que viram-e-ouviram, os elementos principais – personagens, cenários, tempos, ações, comportamentos. Só então vem a discussão sobre motivos, objetivos e valores, quando se procura mostrar que não basta ter uma opinião do tipo "eu acho", mas cabe indicar que razões objetivas – presentes na obra vista me levam a "achar". Constroem-se, pela troca de pontos de vista, as bases para interpretações fundamentadas. E todo esse processo, a meu ver, é uma forma prazerosa (e portanto valiosa) de reaproximar os professores do exercício do pensamento autônomo, que tem estado tão ausente nas diferentes etapas de sua formação e, por conseguinte, de sua prática docente.

As sessões por temáticas

Embora norteados pelas mesmas preocupações, diferentes cursos-oficinas ensejam temáticas diversificadas, dependendo de perfil de cada público. Tive, por exemplo, um grupo de técnicos de nível superior, muito diferenciados, que se preparavam para operar um canal de TV destinado a treinamento permanente de funcionários. Tive grupos de estudantes universitários e outros, mistos, com professores da rede particular de São Paulo e técnicos em recursos humanos, de algumas grandes empresas. E, claro, tive diferentes grupos de professores da rede pública estadual, alguns da Capital, outros do interior do Estado de São Paulo. Em boa parte desses cursos-oficinas, a proposta era a de realizar um trabalho de iniciação. Por essa razão, apresento a seguir a linha temática que, sempre com variantes, tenho adotado nesses casos. A cada tema, está indicada uma pauta das prováveis exibições. A escolha final e a ordem das leituras é flexível, conforme as peculiaridades de cada grupo e suas diferentes dinâmicas, a cada sessão. Uma videoteca bastante abrangente, que formei aos poucos e prossigo atualizando, permite-me selecionar, diversificar e experimentar sempre novas leituras. Adquiri alguns títulos, que considero leituras especialmente interessantes: é o caso dos excelentes desenhos animados *E, Metrópole* e *O Paisagista*, e também os filmes *Zea* e *Adagio* (todos do Instituto Nacional do Filme do Canadá – NFBC). Também, dentre outros, alguns curtas brasileiros, como o instigante *Ilha das Flores*, de Jorge Furtado, bem como diversas fitas do *Anuário de Criação de São Paulo*, com comerciais premiados. A maior parte de minhas fitas, contudo, constitui-se de gravações dos mais variados programas que a TV brasileira tem veiculado. Incluí, no final do capítulo, algumas informações e sugestões úteis sobre a formação de videotecas.

Sessão 1 - **A TV O TEMPO TODO, EM TODA PARTE.**
Que mensagens são essas? Que linguagens as expressam? Publicidade, informação e entretenimento: as três grandes categorias de mensagens exibidas nas telinhas. Imagem, som, texto e mixagem compõem uma linguagem sedutora, e também eficaz, seja para esclarecer e fazer compreender, seja para confundir e manipular.

Pauta de exibições: *Brasil Legal* (Rede Globo, fragmento)/*Zea* (National Filmboard, Canadá – NFCB)/*Índio* (Campanha "Preserve a Floresta Amazônica", Rede Globo)/*Metrópole* (NFCB)/*Passeata* (Staroup)

Sessão 2 - **COMERCIAIS E PROPAGANDAS: EIXO ECONÔMICO DA TV COMERCIAL.**
Todos os comerciais têm um mesmo objetivo e usam um mesmo mecanismo básico para alcançá-lo. Principais associações de que se faz uso para vender produtos e serviços. A esfera das propagandas e suas peculiaridades.

Pauta de exibições: Comerciais da Cultura Inglesa/ Brastemp/Staroup/Coca-Cola/Lego/Antarctica/Bombril/Rede Globo/Mc Donald's, dentre outros. Propagandas: Governo do Estado do Espírito Santo/Lar Escola São Francisco/Banco de Sangue do Hospital das Clínicas/Campanha Eleitoral, Brasil,1990.

Sessão 3 - **ENTRETENIMENTO E FANTASIA NA TV.**
Os programas de auditório são campeões de fascinação popular. Qual é a receita? A ficção narrativa e seus inúmeros formatos, linguagens e estilos. O desenho animado. Distinguir claramente ficção de realidade: um desafio cada vez mais difícil.

Pauta de exibições: *Domingão do Faustão* (Rede Globo, fragmento)/ *Hebe* (SBT, fragmento)/ *Ratinho Livre* (Rede Record, fragmento)/ *E* (NFCB)/ *O menino, a favela e as tampas de panela* (TV Cultura)/ *Os Flintstones* (Hanna & Barbera, fragmento)/ *Pátria Minha* (Rede Globo, fragmento).

Sessão 4 - **A informação audiovisual e a questão da veracidade.**

O telejornalismo: características, variantes, enfoques e estilos. O fascinante mundo dos documentários. O poder de convicção de testemunhos e depoimentos.

Pauta de exibições: Bom Dia Brasil (Rede Globo)/ Jornal da Record (Rede Record)/ Conversa Afiada (TV Cultura)/O Povo Brasileiro (GNT & TV Cultura, fragmento)/Leão, o Rei dos Animais Selvagens (BBC TV, fragmento)/ Cinco Dias que Abalaram o Brasil – A Morte de Getúlio Vargas (Guilherme Fontes Filmes & Globosat, fragmento)/O Rei do Gado (Rede Globo, fragmento).

Sessão 5 - **Em busca do que é "o educativo" na TV e no vídeo.**

Os programas didáticos, ou instrucionais, cuja função é ensinar. Os programas temáticos que, mesmo não sendo didáticos, fazem aprender. Os inúmeros filmes e programas que, mesmo sem nenhuma intenção específica, educam. Definir as funções pedagógicas específicas que cada audiovisual deve desempenhar num contexto de ensino. Que propostas e contornos deveria ter uma educação para a TV?

Pauta de exibições: *Telecurso 2000* (Fundação Roberto Marinho/ FIESP)/*Vistas e Mapas* (Secretaria Estadual de Educação do Rio de Janeiro)/*O Mundo de Beakman* (Columbia Pictures TV & Universal Belo Productions, fragmento)/*Globo*

Rural (Rede Globo, fragmento)/*Oficinas Culturais na TV* (TV Cultura & CDN, fragmento)/ *Terra Nostra* (Rede Globo, fragmento)/*O Paisagista* (NFCB).

A receita dos comerciais

Quando é possível realizar um trabalho continuado – condição, aliás, para que ele produza frutos – , retomam-se certas abordagens da temática de iniciação para aprofundá-la através de novos enfoques e de práticas de leitura e análise mais pormenorizadas. Gradativamente, a atenção e o tempo reservados aos exercícios focalizados na linguagem cedem lugar a outros, mais voltados para os temas, gêneros, estruturas e formatos dos diferentes programas. Pude realizar uma experiência dessa natureza em 1997 e 1998, participando do PEC – Programa de Educação Continuada para Professores, então em desenvolvimento pela Secretaria de Estadual de Educação de São Paulo, em convênio com o Banco Mundial.

Foram quatro módulos de 24 horas de duração por semestre, ao longo de quatro semestres. Quatro turmas foram formadas, dentre os professores que se interessaram pela minha proposta, que se intitulava "Educação & Televisão: Construindo a Necessária Parceria". Os homens eram dois ou três em cada grupo. Duas turmas acompanharam todos os módulos, as outras desistiram no último, em razão de alterações administrativas. Escolhi uma atividade especialmente interessante, envolvendo leitura e análise de comerciais, para exemplificar um pouco mais do trabalho.

"Três de Marchand" é o nome de um desodorante masculino que foi muito promovido através de um comercial de TV em 1997 e, de quando em quando, volta ao ar. Bem realizado (como quase todos os comerciais dirigidos a públicos de classe de renda mais elevada), lembro-me bem de algumas reações dos professores, quando foi exibido para análise, no segundo módulo do PEC. A turma já havia trabalhado comerciais na primeira etapa do curso-oficina, mas a ênfase tinha recaído, sobretudo, nos aspectos da linguagem audiovisual: sintaxe, estrutura da mensagem, recursos de imagem, som, texto e mixagem. Agora, era hora de ir mais fundo na identificação e análise das associações de que lançam mão os publicitários, *experts* na criação de anúncios. Em 15, 30, 45 ou, no máximo, 60 segundos, eles têm de dar um recado claro, preciso, convincente e – principalmente – sedutor. O objetivo é sempre o de induzir comportamentos de consumo, muito específicos para cada caso, claro. Agora, o "caso" era vender um certo desodorante, entre muitos.

Para quem não viu, ou não se lembra, resumo em poucas palavras, já que nem muitas e bem escolhidas palavras conseguiriam substituir a experiência de ver-e-ouvir. Um homem aparentando uns trinta anos, elegantemente vestido e portando uma pasta, está passando diante do portal de uma galeria quando vem a seu encontro, apressada, uma mulher, bonita e bem vestida. Ela aborda o "executivo" (foi como as professoras logo batizaram o cidadão) e pede ajuda para localizar um endereço. Enquanto ele começa a dar-lhe o informe pedido, ela – muito junto dele – muda de expressão subitamente e, deliciada, perde a pressa e elogia o perfume que ele está usando. "É meu desodorante" diz ele, e ela pede para adivinhar qual é, enquanto surgem imagens do cavalheiro em seu banheiro, vaporizando generosamente as axilas com o produto. "É o 'Três de Marchand ?'" Ele sorri meio sem jeito, acenando que sim, e retoma a informação sobre o endereço. Mas ela corta: "Acho que não vou acertar mesmo...". O comercial termina focalizando a expressão risonha, entre surpresa e envaidecida, do "executivo", enquanto a trilha sonora e a marca "Três de Marchand" em destaque revelam, a quem não tivesse percebido ainda, que um homem nem precisa se dar ao trabalho de seduzir uma mulher, desde que esteja usando o desodorante apropriado, ou seja, "Três de Marchand."

Depois de exibir esse comercial duas vezes, como de hábito, uma boa rodada de perguntas e respostas mobilizou cada grupo, até que se tivesse reconstituído em palavras o que se tinha visto (numa linha próxima do resumo acima). Nessa etapa, a interrogação referencial que importa é: "o que vocês viram e ouviram?" De início, a tendência é mesclar impressões e juízos pessoais à recuperação do conteúdo do audiovisual. Assim, algumas professoras referiam-se à mulher como "a assanhada", "a oferecida". Outras incluíam, sobre o homem, informações totalmente ausentes da mensagem, como "ele vinha de casa" e "certamente era casado". Esse tipo de exercício ajuda a melhorar o nível de discriminação dos participantes que, comumente, não conseguem distinguir entre o que de fato é mostrado na telinha e o que resulta de seu próprio julgamento, de suas impressões pessoais sobre o visto e ouvido.

A parte central do trabalho, a seguir, girou em torno da questão do truque básico dos comerciais: para vender um produto, o comercial o associa a algum tipo de valor corrente, a desejos ou aspirações de seu público-alvo. Os grupos surpreenderam-se ao saber que as aspirações, desejos e valores dos diversos tipos de públicos são pesquisados permanentemente por empresas e profissionais altamente especializados e que um dos objetivos dessa pesquisa de mercado é abastecer os anunciantes e as agências de publicidade com preciosas informações para a criação de comerciais.

No grupo, a compreensão de tudo isso prossegue sendo construída através de perguntas e respostas. A interrogação referencial pode ser algo como "na opinião de vocês, o que faz com que este comercial possa levar o público masculino a preferir "Très de Marchand", na hora de comprar desodorante?". Com vieses e pontos de vista por vezes díspares, confusos e, não raro, engraçados, foi-se articulando uma reflexão de conjunto sobre o mecanismo das associações. Aquele produto (desodorante) foi associado a outra coisa que homens charmosos e bem postos na vida valorizam e, por isso, desejam: no caso, sucessos amorosos fáceis com mulheres lindas e atraentes, como aquela do comercial. Essa outra coisa não está no produto, mas foi a ele associada por uma competente mensagem publicitária. A tarefa central da publicidade é exatamente a de estabelecer associações que criam uma espécie de crença mágica, de fetiche. Poder adquirir, através de um produto, outros objetos de desejo é, sem dúvida, pura magia. Embora tudo isso possa parecer muito simplista, é assim mesmo que o processo funciona.

Através de outros comerciais exibidos, os grupos puderam identificar facilmente as áreas de apelos mais correntes. Os apelos, por exemplo, a sexo/erotismo/beleza física e elegância, bem como a *status* socioeconômico, que têm sido dos que mais aparecem associados a produtos diversos. Outros apelos que motivam com eficácia são indicados: o humor, a ideia de segurança e proteção, os sentimentos de afeto e ternura, a natureza e suas belezas. Eles se prestam bem à criação de associações positivas e prazerosas com os produtos.

Os professores aprenderam alguma coisa sobre essa substancial força socioeconômica e cultural que é a publicidade na TV. Isso provavelmente apurou sua compreensão sobre a sociedade de consumo de que eles e seus alunos são parte. Creio que foi uma aprendizagem necessária e relevante. Acho, porém, que o que importou mesmo é terem aprendido vendo e ouvindo, perguntando e respondendo, concordando e discordando, misturando e separando; ou seja, exercitando a prática de direcionar a atenção e pensar. Como convém a telespectadores qualificados.

Aproveitei, neste tópico, várias colocações formuladas por Marcos Pompeia, no artigo "Como Funcionam os Comerciais"?, integrante de um conjunto de textos de apoio, não publicados, que tenho organizado para subsídio dos participantes dos cursos-oficinas. Curtos e simples, eles sintetizam os principais conceitos e ideias referentes aos temas abordados e são, em geral, lidos e comentados nos grupos.

Sobre vídeos "educativos"

Quando se aborda a questão das relações entre televisão e escola, verifica-se que, de um modo ou de outro, a maioria dos educadores pensa logo em programas educativos. Por um lado, isso é natural, já que ainda circulam enfoques bastante redutivos e estanques desse campo imenso, complexo e multifacetado a que chamamos de educação. Mas, se estamos interessados de algum modo em trabalhar melhor a interface televisão/educação, é tempo de buscar uma perspectiva mais adequada para examinar a questão. O que, afinal, autoriza considerar um vídeo como "educativo"?

Nos cursos-oficinas, tenho proposto, como um bom caminho, pesquisar quais funções os diferentes programas que compõem o universo da televisão (aí incluídos comerciais e filmes), gravados em fitas VHS – ou vídeos –, poderiam desempenhar em processos educativos diversos. Para tornar mais clara essa colocação, vale a pena distinguir, esquematicamente, três principais categorias, no universo de vídeos, que podem desempenhar funções úteis à educação.

Há os vídeos didáticos, gravados de programas cujo objetivo é ensinar. São os primeiros nos quais se pensa, em geral, quando se usa a expressão "vídeo educativo". Cresceram em número e diversidade, na década de 90, desempenhando as funções de instruir, passar informações e explicações, mostrar exemplos. Quase sempre vinculam-se a determinada área de conhecimento, ou a programas curriculares de matérias de ensino. Seu vício de origem, hoje razoavelmente superado, é a adoção de uma estrutura em geral colada ao comando dos textos didáticos tradicionais que os embasavam. Resultavam frequentemente cansativos e sem interesse – pelo excesso de texto verbal e pobreza de imagens. Contudo, eles podem prestar bons serviços, se forem bem feitos e utilizados apropriadamente.

Há, porém, muitos e bons vídeos temáticos não didáticos que fazem aprender. São documentários, telejornais, reportagens, entrevistas, filmes de ficção e até desenhos animados que, realizados sem finalidades instrucionais específicas, tratam de temas que deveriam integrar a bagagem cultural básica de todos os cidadãos, e por isso mesmo estão presentes, direta ou indiretamente, em diferentes programações de ensino. São temas históricos (antigos ou recentes), científicos (de todos os campos: natureza, vida, biologia, física, sociologia, economia, medicina, psicologia), socioculturais e políticos, artísticos. Tais vídeos podem desempenhar funções pedagógicas relevantes, embora não raro negligenciadas no processo de ensino-aprendizagem, tais como motivar, contextuar, aprofundar, diversificar pontos de vista, questionar e discutir, auxiliar a compreensão de processos e conceitos. E cumprem essas tarefas, boa parte das vezes, mostrando e não apenas verbalizando. Daí, a meu ver, sua maior valia. Permanece, porém, uma condição básica: os professores precisam aprender a usá-los.

Há por fim – como chamá-los? – vídeos não temáticos (na acepção adotada acima) e sem nenhum propósito educativo, mas de notável alcance educacional. Apesar do primarismo vulgar e violento que povoa grande parte da programação da TV e das videolocadoras, existem a nosso alcance, através delas, numerosas obras audiovisuais de qualidade diferenciada. Antigas ou contemporâneas, realizadas sem nenhuma intenção de educar e sem tratar de temas curriculares, essas obras enriqueceriam qualquer currículo que se importasse com a formação mais ampla de seus docentes e discentes. Há desenhos e filmes de arte e de humor, ótimos para desenvolver a sensibilidade, o imaginário, a criatividade. Narrativas ficcionais de todo tipo permitem observar, discutir e compreender comportamentos e atitudes, situações de conflito, questões de moralidade e ética. Eles transportam para contextos de épocas passadas, familiarizam com ambientes e culturas de todas as latitudes e longitudes.

A ficção narrativa de boa qualidade, no cinema como na TV, pode ensinar a respeitar as diferenças, de todo tipo. Ajuda os jovens a conviverem com a pluralidade de pontos de vista. Faz com que valores básicos ligados à vida e à morte, ao prazer e ao sofrimento do ser humano sejam melhor compreendidos.

Há, ainda os comerciais e as propagandas (inclusive a propaganda política) que também integram este conjunto, e que propiciam valiosos exercícios de observação e reflexão sobre liberdade e dependência, sobre respeito e manipulação, sobre fatos e versões, sobre aparência e realidade, sobre verdade e mentira. Cabe reiterar, no entanto, que tudo isso dependerá sempre do professor. Sua sensibilidade e sua preparação é que farão, ou não, que um vídeo se torne "educativo".

Os itens que compõem a pauta acima não têm estado presentes, bem sabemos, na concepção e na organização do trabalho escolar. No entanto, é difícil apontar, entre eles, algum que não se deva reconhecer hoje como imprescindível. Pelo menos, enquanto a educação tiver, como um de seus desafios mais críticos, o preparo das crianças, jovens e adultos para um pleno exercício da cidadania.

Documentários e narrativas de ficção

Nos cursos-oficinas, por vezes exibi fragmentos do *Globo Rural*, um dos mais bem feitos programas do telejornalismo brasileiro. Seu principal mérito é o de pautar matérias de grande interesse, não apenas para seus públicos mais específicos. A equipe de criação e produção sabe compatibilizar conhecimento especializado com linguagem acessível, sempre a partir de imagens expressivas, comentadas por textos enxutos.

Um dos fragmentos do programa escolhido para as oficinas trata de um problema da cultura do maracujá; são exatos cinco minutos mostrando como se dá, na planta, a polinização e como a mamangaba atua como agente desse processo. A sequência encanta os grupos, invariavelmente, pela simplicidade e beleza. Além disso, creio que todos os que a assistiram (sempre duas vezes!) nunca mais esquecerão em que consiste e como se dá a polinização na flor do maracujá.

Outro exemplo a lembrar aqui é o trabalho feito com o documentário *Cinco dias que abalaram o Brasil – a morte de Getúlio Vargas*, realizado em cinco episódios, e lançado em 1996 pelo canal GNT, numa coprodução da Guilherme Fontes Filmes e Globosat, com roteiro de Fernando Moraes. Para reconstituir o que ocorreu no Brasil e, em especial, no Rio de Janeiro, nos dias 20, 21, 22, 23 e 24 de agosto de 1954, seus realizadores pesquisaram todo tipo de documentação fotográfica e cinematográfica disponível. Também localizaram e trouxeram para o vídeo os (poucos) coadjuvantes vivos, dentre os que participaram dos acontecimentos centrais. Desse modo, um considerável e selecionado acervo histórico, utilizado pela direção com propriedade, valorizou a obra e assegurou veracidade à reconstituição. Tudo foi filmado em preto e branco.

Para funcionar como fio condutor e solucionar uma "costura" dramática apropriada às várias sequências, foi criada uma emissora de rádio fictícia, cujos noticiários diários encadeavam os fatos que se sucediam. Seu principal repórter (bom ator, rosto pouco conhecido), tinha amigos no Catete, onde entrava com facilidade. Essa solução ficcional permitiu que o documentário mostrasse os cenários reais do suicídio de Vargas. E a própria dinâmica da emissora, com os estilos e jingles comerciais da época, completa um bom retrato desse tempo em que o rádio imperava na comunicação brasileira.

Quando usei trechos da obra, com professores, estava curiosa sobre como reagiriam e que dificuldades teriam numa leitura mais longa (25 minutos) que as habituais, sobre tema sério e complexo. Para minha surpresa, constatei que a principal dificuldade residia exatamente na aceitação de que algo fictício (a emissora) coubesse num contexto tão fortemente documental. Parte do público nem se dera conta desse recurso dramático e, quando ele foi discutido no grupo, alguns não esconderam sua perplexidade. A emoção, de idosas testemunhas autênticas que estavam muito próximas no lance do suicídio tinha comovido a todos. O repórter também se emocionara ao noticiar a morte do presidente, mas houve quem não tivesse percebido que se tratava de um ator.

Tal experiência levou-me a dedicar, daí em diante, especial atenção ao fenômeno da crescente presença de fatos e até personagens reais em programas de ficção e fantasia, do mesmo modo que os programas de informação cada vez mais lançam mão de apoios ficcionais (as simulações dramáticas de crimes e acidentes, por exemplo, em telejornais e documentários). Um exemplo do primeiro caso ocorreu na novela *O Rei do Gado*, da Globo, quando dois senadores da República – reais – participaram do velório de um senador de ficção. Por sua vez, o programa semanal *Linha Direta*, também da Globo, exemplifica o segundo caso à exaustão. Os comerciais, aliás, também integram o mesmo jogo. Cabe, pois, oferecer leituras em que os públicos possam exercitar a discriminação entre esses três grandes mundos televisuais.

No campo da ficção narrativa, as experiências foram muitas e gratificantes. A proposta era apresentar aos grupos diferentes modalidades de narrativa audiovisual. Assim, do cardápio de leituras, nos cursos-oficinas, fazem parte silhuetas, cinema-mudo, cinema falado, animações de todo tipo, narração oral com recursos de imagem e música, teledramaturgia – em especial, novelas e minisséries. Destaco aqui a experiência com a minissérie *O primo Basílio*, realizada pela Rede Globo, a partir do romance de Eça de Queiróz, dirigida por Daniel Filho e exibida em 1987. No elenco, todo de excelentes atores e atrizes, o destaque é

Marília Pera no papel da criada Juliana, personagem inesquecível do universo do romancista português.

Consegui gravar em VHS essa minissérie em 1997, quando reprisada pelo canal Futura. Encantei-me com a qualidade artística e dramática da adaptação e resolvi basear nela todo o quarto e último módulo do PEC, para as duas turmas de professores inscritos. O trabalho estendeu-se por seis sessões de quatro horas de duração, e o título que escolhi para a temática dessa etapa foi "Arte audiovisual e emoção estética – isso existe!". Eu desejava lembrar aos professores que existem obras muito belas nos mundos do cinema, da TV e do vídeo. E que precisamos aprender a apreciá-las.

Assim, a pauta de cada sessão veio a ser composta por um ou dois fragmentos escolhidos de diferentes manifestações artísticas: canto coral, balé clássico, artes plásticas, ópera, cinema, teatro, poesia. Era uma espécie de "aquecimento", seguido dos comentários do grupo, sempre solicitado a começar expressando sensações, emoções e sentimentos. A seguir, por cerca de uma hora, exibia-se *O primo Basílio*, ouviam-se as reações imediatas das pessoas e, após o intervalo, partia-se para a análise. Tópicos como argumento, estrutura narrativa, protagonistas, personagens secundárias, figurantes, tipologia das personagens, seus objetivos, motivos e comportamentos, cenários e ambientes, a cada sessão, eram aprofundados. Do mesmo modo, abordava-se a dimensão formal da obra e seu tratamento, incluindo-se aí estilos adotados, recursos de imagem e som, características da linguagem verbal e dos diálogos. A arte interpretativa dos atores, igualmente, foi sendo reconhecida como importante fonte de fruição, um grande prazer.

Nas três últimas sessões, impunha-se enfatizar a reflexão sobre os temas principais da obra como um todo. O tema da sedução e de seus aspectos psicológicos e éticos foi o que mais mobilizou o grupo, de esmagadora maioria feminina.

No ensejo, algumas graves confusões conceituais puderam ser esclarecidas. A dimensão de crítica de costumes, fortemente presente na obra, também mereceu atenção.

Reflexões finais

O mérito maior dos cursos-oficinas, a meu ver, está no fato de que eles têm sido uma experiência de aprendizagem prazerosa para a maioria dos participantes. Ao PEC, por exemplo, muitos vieram esperando receber ensinamentos teóricos e práticos sobre como usar o vídeo na escola, como recurso didático capaz – quem sabe? – de tornar mais suaves suas castigadas rotinas docentes. Outros vieram porque a escola tinha sugerido que viessem, e até haveria uma ajuda de custos. Mas nem sabiam de que curso se tratava. Encontraram uma proposta voltada para o crescimento pessoal deles, ponto. A aplicação profissional do aprendido, o benefício aos alunos que poderia advir do curso-oficina era uma outra questão, evidentemente importante, mas para outro momento.

Do ponto de vista do sistema, minha afirmação será tida quase como heresia. Prevalece a ideia de que cursos e treinamentos devem voltar-se prioritariamente para conteúdos programáticos e metodologias de ensino. Discordo da prioridade. Penso que a carência maior do professorado responsável pelo ensino fundamental é de repertório cultural, formativo e informativo, que amplie e diversifique sua visão do mundo – e portanto da escola e do ensino. Não há nada que enriqueça mais a relação professor/aluno, tão central para o desejado rendimento escolar, e tão crítica hoje no contexto educacional.

A sensibilidade e a inteligência de todas as pessoas precisam de afetos e de ideias como alimentos essenciais. Podem nos vir da prosa e da poesia que lemos, da música que ouvimos, das peças teatrais, filmes e programas de TV a que assistimos, das exposições de arte que visitamos. Também podem vir, claro, de pessoas com quem interagimos e de cursos que frequentamos. Essas são as fontes que formatam e apuram nosso repertório. A sensibilidade e a inteligência da maioria dos professores estão dramaticamente carentes desses alimentos. Regras impessoais em lugar de afetos, modelos e clichês em lugar de ideias.

No balanço final do que tenho aprendido com as experiências dos cursos-oficina, acho que o que mais me impressiona é a constatação da fragilidade da formação dos professores, visível na dificuldade que em geral experimentam para pensar e expressar-se de modo autônomo. Portanto, para imaginar e criar, para perceber variáveis e conexões, para apreender a complexidade e a pluralidade. Refiro-me a características obrigatórias de uma educação compatível com o mundo contemporâneo. Porque é disso que se trata.

Leituras recomendadas

- *Televisão e educação*, de Joan Ferrés, professor da Universidade de Barcelona, foi editado no Brasil pela Artes Médicas, de Porto Alegre, em 1996. O enfoque da TV adotado no livro é abrangente e objetivo, estruturando-se em três grandes blocos: chaves para compreender o meio, chaves para educar no meio e propostas metodológicas para a análise de programas. O autor tem o mérito, de propor linhas relevantes de reflexão sobre o tema, sem perder de vista questões bem concretas e práticas. Assim, propõe aos professores critérios e instrumentos de trabalho bastante úteis. É a única obra pedagógica disponível em português que aborda especificamente a TV como objeto da educação escolar. Do mesmo autor, da mesma editora e do mesmo ano é o livro *Vídeo e educação*, que trata da integração do vídeo no processo de ensino/aprendizagem, sempre na dupla abordagem de reflexão e prática.

- Em *Os novos modos de compreender – a geração do computador e da televisão*, de Pierre Babin e

Marie-France Kouloumdjian, publicado pelas Edições Paulinas: São Paulo,1985, os autores analisam com simplicidade e clareza as diferenças entre as linguagens verbal e audiovisual e as duas formas de percepção e atuação cultural que elas representam. Em *Linguagem e cultura dos media* (Portugal: Bertrand Editora, Venda Nova, 1991), em que Babin volta à mesma temática, de modo bem mais alargado e aprofundado.

- Para quem está começando a interessar-se pela TV, vale a pena ler *Televisão*, de Ciro Marcondes Filho, uma boa e instigante iniciação à TV. Trata-se de um paradidático da Série Pontos de Apoio (São Paulo: Scipione, 1994).

- Dois livros são, ainda, preciosos sinalizadores de rumo: *A mediação pedagógica* – educação à distância alternativa, de Francisco Gutierrez e Daniel Prieto (Campinas: Papirus, 1994) e, ainda no campo da Educação, *A cabeça bem-feita* – Repensar a reforma, reformar o pensamento, de Edgar Morin (Rio de Janeiro: Bertrand, 2000).

A formação de videotecas

Uma videoteca de educação para o audiovisual e a TV precisa dispor, basicamente, de vídeos selecionados para exemplificar os diferentes gêneros que compõem as programações, tanto das emissoras comerciais como das educativas, aí incluídos comerciais, propagandas e filmes de curta e longa metragem. A maior parte deles será constituída por fitas VHS gravadas pelos próprios professores interessados. Isso demanda, no mínimo, um televisor ligado a uma antena adequada, um videocassete e fitas. Para nossos objetivos, não é necessário adquirir fitas profissionais, de alta sensibilidade e, nas cidades maiores, uma boa pesquisa permite encontrar preços acessíveis.

Dispor de algum sistema de TV por assinatura – cabo ou antena parabólica – enriquece significativamente um projeto de videoteca para educação, pois aumenta as opções de bons canais e bons programas. É aconselhável fazer planos semanais ou mensais de gravações, para racionalizar o trabalho e não perder oportunidades interessantes. Torna-se indispensável estudar as grades de programação, normalmente publicadas nos jornais diários e outros periódicos.

Alguns exemplos: pode-se programar a gravação de dois telejornais, de emissoras diferentes, no mesmo dia ou em dias consecutivos, para análise e comparação, inclusive dos comerciais exibidos nos intervalos. Ou, com a mesma finalidade, gravar os primeiros trinta minutos de dois ou três programas de auditório. Ou toda uma manhã de programação destinada às crianças, para examinar os desenhos animados que lhes são oferecidos. Ou os dois primeiros capítulos de uma novela, para identificar as bases da estrutura narrativa e como nos são apresentadas as personagens com as quais vamos conviver por vários meses. E assim por diante.

Há também outras formas de conseguir vídeos interessantes. Filmes temáticos, de longa e curta metragem, aí incluídos bons documentários, podem ser localizados e alugados nas videolocadoras mais diferenciadas, sobretudo nas grandes cidades. O Clube de Criação de São Paulo, que fica na Rua Álvaro Anes, 46, conj. 42, São Paulo, SP, fone (11) 3034-3929, produz e vende fitas gravadas com os comerciais e propagandas premiados a cada ano. Excelentes filmes educativos, culturais e artísticos do NFBC (National Filmboard of Canadá), dublados ou legendados, são distribuídos no Brasil por diversas empresas. Duas delas, ambas em São Paulo, são: Distribuidora SIAMAR, Rua Adib Auada, 289, Cotia, SP, fone (11) 4613-5522; e MKT Multimeios para Treinamentos, Rua Fernando Torquato, 2, Vila Guarani, SP, fone (11) 6910-4162.

É indispensável pesquisar a existência de videotecas e os serviços que oferecem, em diferentes entidades, públicas ou privadas, sobretudo nas cidades maiores. Não raro, há boas surpresas. Dentre as de São Paulo, destaco a excelente Videoteca da FDE – Fundação para o Desenvolvimento da Educação, da Secretaria Estadual de Educação. Fica na Rua Tenente Pena, 212, São Paulo, SP, fone (11) 222-6505. Na sede do SENAC de São Paulo, à Rua Dr. Villa Nova, 228, 6º andar, encontra-se a Videoteca do Núcleo de Comunicação e Informação, do Centro de Tecnologia e Gestão Educacional. Pode-se conhecer, ali, um pioneiro e competente programa de educação para a televisão: o "Leituras de TV e Vídeo para Educadores", que inclui um *kit* com cinco vídeos para exercícios de leitura, bem como o impresso *Manual do Professor*, de autoria de Ângelo Piovesan. O programa, coordenado por André Carrieri, começou em 1994 e vem realizando cursos internos e externos voltados para a iniciação de professores na leitura e análise de audiovisuais. O telefone é (11) 236-2080.

SUGESTÕES DE LEITURAS E *SITES*

Leituras

Além das sugestões já feitas por Sylvia Magaldi, apresento outras indicações de livros, bem como de *sites*, que julgo úteis para todos que desejam informar-se sobre o tema Televisão e Educação. O objetivo não é esgotar todas as possibilidades – até porque imagino que os leitores e leitoras poderão, a partir do que foi tratado aqui, fazer suas próprias buscas. Portanto, o que segue são apenas algumas referências que podem contribuir para o trabalho de investigação proposto neste livro.

A arte do vídeo, de Arlindo Machado, (São Paulo: Brasiliense, 1997), considero leitura fundamental para quem deseja conhecer mais sobre o que é a linguagem da mídia eletrônica. Desse mesmo autor, *A TV levada a sério* (São Paulo: SENAC, 2000) é extremamente rico na caracterização dos gêneros de programas televisivos. Machado insiste em que "a televisão é e será aquilo que fizermos dela", por isso vê com certa desconfiança a crítica ingênua ao meio, daqueles que responsabilizam a TV pela degeneração dos costumes e degradação da sociedade. Seus escritos nos interessam na medida em que se trata de um autor que escreve sobre aquilo que conhece e por oferecer-nos uma série de elementos efetivamente produtivos nessa tarefa de fazer da TV um objeto de investigação. Nessa mesma perspectiva, sugiro *Brasil em tempo de TV*, de Eugênio Bucci (São Paulo: Boitempo, 2005, 2ª. Ed.) – uma leitura agradável, crítica e instigante sobre a TV no cenário político e social deste País. Do mesmo Bucci, em coautoria com Maria Rita Kehl, temos *Videologias* (Boitempo, 2004), com análises preciosas sobre a presença da TV em nossas vidas. Já Milton José de Almeida, em *Imagens e sons. A nova cultura oral* (São Paulo: Cortez, 1994) traz uma discussão bem interessante sobre as linguagens do cinema e da televisão, e propõe que os transformemos em objeto de estudo (mas não de "pedagogização").

Para aqueles que se interessam pela técnica de produção de TV e cinema, talvez seja recomendável ler o trabalho do roteirista e escritor Doc Comparato: seu livro *Roteiro. Arte e técnica de escrever para cinema e televisão* (Rio de Janeiro: Nórdica, 1983), o primeiro em Língua Portuguesa sobre o tema. Podemos não concordar com algumas simplificações do texto, quanto às funções da TV e do cinema na cultura, mas certamente temos ali um claro e acessível guia de orientação, não só para os que desejam iniciar-se na arte do roteiro, mas (é o que importa aqui) para todos aqueles que investigam a TV e suas linguagens, as técnicas utilizadas para capturar espectadores, e assim por diante. Do mesmo autor, um livro mais recente e mais completo é *Da criação ao roteiro*, que se apresenta como um guia da arte e da técnica de escrever para cinema e televisão (Rio de Janeiro: Rocco, 1995).

Recomendo fortemente *Rede imaginária. Televisão e democracia* (São Paulo: Cia. das Letras / SMC-SP, 1999, 2ª. Ed.), obra que reúne textos originalmente produzidos para o seminário que tem o mesmo título do livro, realizado pela Secretaria Municipal de Cultura de São Paulo, em 1990, e no ano seguinte em Porto Alegre (RS). Organizado por Adauto Novaes, o livro tem capítulos antológicos de reflexões de diferentes pontos de vista, sobre televisão: filósofos e psicanalistas, sociólogos, diretores de TV, atores, semiólogos, jornalistas são seus autores. Destaque especial merecem os capítulos "Imaginar e pensar", de Maria

Rita Kehl, "O imaginário da morte", de Teixeira Coelho e "Simbologia do consumo", escrito por Décio Pignatari.

Excelentes discussões sobre a cultura deste nosso tempo, incluindo aí o debate sobre televisão, podem ser encontradas no livro *Cenas da vida pós-moderna*. Intelectuais, arte e vídeo-cultura na Argentina (Rio de Janeiro: Ed. UFRJ, 1997). A autora, em estilo agradável e linguagem sintética, traz riquíssimas reflexões sobre como estamos produzindo cultura em nosso tempo, de que modo se cruzam "culturas populares, velhas e novas" em lugares como a TV, em que ambiente cultural crescem e se formam as novas gerações. O capítulo "O sonho acordado" é especialmente dedicado à análise da televisão na Argentina, mas a cada página reconhecemos o funcionamento sem fronteiras desse meio tão fundamental no cotidiano das populações de diferentes países.

Alguns estudos sobre o chamado "receptor" estão reunidos no livro organizado por Mauro Wilton de Souza – *Sujeito, o lado oculto do receptor* (São Paulo: Brasiliense, 1995). Vale a pena ler como alguns pesquisadores estudam no Brasil esse polo da comunicação, o público, alvo das produções da mídia. Modestamente, sugiro *O mito na sala de jantar*. Discurso infanto-juvenil sobre televisão (Porto Alegre: Movimento, 1993, 2ª. ed.), em que estabeleço uma relação entre as narrativas da TV e as expectativas, olhares e críticas de crianças e adolescentes de camadas populares quanto a esse meio.

Um estudioso inglês de mídia e educação merece também ser buscado, como fonte importante: trata-se de Roger Silverstone, autor do excelente livro *Por que estudar a mídia?* (São Paulo: Loyola, 2002), em que o conceito de experiência é pensado a partir das novas tecnologias de informação e comunicação.

Educação & Realidade, revista da Faculdade de Educação da Universidade Federal do Rio Grande do Sul, tem publicado inúmeros artigos sobre as relações entre comunicação, cultura e educação, inclusive dedicou um número especial a esse tema (Volume 22, nº 2, de jul./dez. 1997), que vale conferir. E-mail para contato: educreal@ufrgs.br.

Lembro ainda que é bastante recomendável a leitura de críticas de televisão, em cadernos especiais de grandes jornais como *O Estado de São Paulo* e *Folha de S. Paulo*, ou em revistas semanais como *Época, Carta Capital, IstoÉ* e *Veja*, além de outras revistas especializadas em debates sobre questões da cultura, como *Bravo!* e *Cult*.

Sites interessantes

Quanto a alguns *sites* que possam interessar a professores, a alunos e alunas de graduação, sugiro uma visita a algumas páginas da Internet. Nelas é possível encontrar não só debates sobre o tema das relações entre TV e educação, como informações para a formação de videotecas (ou para a gravação de programas diretamente da TV ou ainda para aluguel ou compra de materiais em vídeo). Em muitos casos, como se verá, há ainda um excessivo "didatismo" do uso da televisão na escola. Mas, como salientamos neste livro, em tudo é necessário aprender a discriminar, selecionando o que realmente nos interessa e que vá contribuir para um trabalho mais instigante e criativo.

http://tver.zip.net – Nesse site, o grupo TVER – originalmente uma ideia da psicanalista Marta Suplicy, para defender os direitos dos telespectadores – convida os internautas para um fórum de debate permanente a respeito das programações da TV no Brasil, oferecendo também informações sobre pesquisas, teses, dissertações, bibliografia a respeito de televisão e educação, além de textos com a lesgislação sobre radiodifusão, entre outros assuntos.

http://www2.uol.com.br/andi – A Agência de Notícias dos Direitos da Infância, ANDI, apresenta neste *site*, entre outros dados, informações sobre como crianças e adolescentes são noticiados e representados nos espaços da mídia.

http://www.tvcultura.com.br – A TV Cultura de São Paulo disponibiliza aqui uma série de dados sobre sua programação. Destaque especial para o *site* da TV Ratimbum: www.tvratimbum.com.br, o primeiro canal de TV por assinatura, para o público infantil.

http://www.futura.org.br/main.asp – O Canal Futura mostra uma sinopse de todos os programas que exibe diariamente. Além disso, informa sobre várias possibilidades de ação educativa, a partir do que é exibido na TV.

http://www.lab-eduimagem.pro.br

O Laboratório Educação e Imagem é coordenado pela professora Nilda Alves, da Universidade Estadual do Rio de Janeiro, e oferece acesso a produções de interesse para o professor, com notícias, jornal, artigos e debates sobre o tema das imagens na vida de educadores e estudantes.

http://www.grupem.pro.br/

Coordenado pela professora Rosália Duarte, da PUC-Rio, traz notícias sobre pesquisas que envolvem infância e mídia, com vários artigos a respeito das tecnologias de informação e comunicação, em especial a TV.

www.http://www.ufrgs.br/nemes

O *site* do Núcleo de Estudos de Mídia, Educação e Subjetividade (NEMES), da UFRGS (Universidade Federal do Rio Grande do Sul), é coordenado pela professora Rosa Maria Bueno Fischer. Oferece o acesso a uma série de textos sobre as relações entre arte, mídia e educação, com ênfase nos estudos sobre infância, juventude e cultura, além de estudos sobre formação ética e estética de educadores.

http://www.cecip.com.br – O Centro de Criação de Imagem Popular – CECIP – ocupa-se com uma ação comunitária relacionada à educação e à comunicação. Oferece vídeos sobre questões de gênero, violência na sociedade, direitos da criança.

http://discoverynaescola.com – Nesse *site*, o Canal Discovery de TV a Cabo fornece informações sobre uma programação construída basicamente sobre documentários de interesse para a escola (a vida de animais, a história de artistas, etc.).

http://www.midiativa.tv – O Centro Brasileiro de Mídia para Crianças e Adolescentes é uma associação civil sem fins lucrativos, criada em 2002, para identificar e estimular ações criativas no âmbito da mídia, especialmente para os públicos jovens. Artigos, entrevistas, notícias e debates sobre o tema da educação e da comunicação estão sempre presentes.

http://www.multirio.rj.gov.br – No *site* da Multirio, é possível encontrar uma série de títulos de audiovisuais produzidos por crianças e jovens, além de textos com entrevistas e debates sobre as múltiplas linguagens das práticas educacionais, entre elas as da TV e do vídeo.

REFERÊNCIAS

ADORNO, Sérgio. "Violência e o mundo da recepção televisiva". (Entrevista com Sérgio Adorno). *Novos olhares*. ECA/USP, 1999, p. 24-29.

ADORNO, Theodor. "A indústria cultural". In: COHN, Gabriel (Org.). *Comunicação e indústria cultural*. São Paulo: Nacional, 1978.

ALMEIDA, Milton. *Imagens e sons. A nova cultura oral*. São Paulo: Cortez, 1994.

ARENDT, Hannah. As esferas pública e privada. In: _____. *A condição humana*. Rio de Janeiro: Forense, 2000, p. 31-88.

BHABHA, Homi. *O local da cultura*. Belo Horizonte: Ed. UFMG, 1998.

BARTHES, Roland. *O óbio e o obtuso*. Rio de Janeiro: Nova Fronteira, 1990.

BARTHES, Roland. *Mitologias*. São Paulo: Difel, 1980.

BAUDRILLARD, Jean. Banalidade mortífera. In: *Folha de S.Paulo*. Caderno Mais!. São Paulo: edição de 10 de junho de 2001. p. 12.

BRANDÃO, Helena. *Introdução à análise do discurso*. Campinas (SP): Ed. Unicamp, 1993.

BUCCI, Eugênio. *Brasil em tempo de TV*. São Paulo: Boitempo, 1997.

CHAUÍ, Marilena. "Janela da alma, espelho do mundo". In: NOVAES, Adauto (Org.). *O olhar*. São Paulo: Cia. das Letras, 1988. p. 31-63.

COELHO, Teixeira. "O imaginário da morte". In: NOVAES, Adauto (Org.). *Rede imaginária. Televisão e democracia*. São Paulo: Cia. das Letras, Secretaria Municipal de Cultura, 1991, p. 109-122.

COELHO, Teixeira. Socorrismo e espetáculo. In: *Folha de S.Paulo*. Caderno Mais! São Paulo: 22 jun. 2001, p. 2.

COMPARATO, Doc. *Roteiro. Arte e técnica de escrever para cinema e televisão*. Rio de Janeiro: Nórdica, 1983.

COSTA, Jurandir Freire. *Razões públicas, emoções privadas*. Rio de Janeiro: Rocco, 1999.

DIDI-HUBERMAN, Georges. *O que vemos, o que nos olha*. Rio de Janeiro: Ed. 34, 1998.

ECO, Umberto. *Viagem na irrealidade cotidiana*. Rio de Janeiro: Nova Fronteira, 1984.

ELLSWORTH, Elizabeth. *Teaching positions: difference, pedagogy and the power of address*. New York: Techers College, Columbia University, 1997.

ELLSWORTH, Elizabeth. Modos de endereçamento. In: SILVA, Tomaz Tadeu (Org.). *Nunca fomos humanos – nos rastros do sujeito*. Belo Horizonte: Autêntica, 2001, p. 7-76.

FISCHER, Rosa Maria Bueno. *Adolescência em discurso: mídia e produção de subjetividade*. Porto Alegre (RS): UFRGS, PPGEDU, 1996. Tese de doutorado, 297p.

FISCHER, Rosa Maria Bueno. A escola na televisão: quem se reconhece na "Escolinha do Professor Raimundo?". *Educação & Realidade*. Porto Alegre, UFRGS, v.18, n.2, jul./dez. 1993, p. 37-48.

FISCHER, Rosa Maria Bueno. *Cores e nomes da infância na mídia*. Porto Alegre: 2001 (Texto digitado. No prelo).

FISCHER, Rosa Maria Bueno. Foucault e o desejável conhecimento do sujeito. *Educação & Realidade*. Porto Alegre, UFRGS, v.24, n.1, jan./jun. 1999a, p. 5-11.

FISCHER, Rosa Maria Bueno. Identidade, cultura e mídia: a complexidade de novas questões educacionais na contemporaneidade. In: SILVA, Luiz Heron da (Org.). *Século XXI. Qual conhecimento? Qual currículo?* Petrópolis (RJ): Vozes, 1999b, p. 18-32.

FISCHER, Rosa Maria Bueno. Mídia e produção do sujeito: o privado em praça pública. In: FONSECA, Tânia Mara Galli e FRANCISCO, Deise Juliana (Orgs.). *Formas de ser e habitar a contemporaneidade*. Porto Alegre: Ed. UFRGS, 2000, p. 109-120.

FISCHER, Rosa Maria Bueno. O estatuto pedagógico da mídia: questões de análise. In: *Educação & Realidade*. Porto Alegre: UFRGS/FACED, v.22, n.2, jul./dez.1997, p. 59-79.

FISCHER, Rosa Maria Bueno. "Técnicas de si" na TV: a mídia se faz pedagógica. In: *Educação UNISINOS*. São Leopoldo (RS): v.4, n.7, jul./dez. 2000, p. 111-139.

FOUCAULT, Michel. *A arqueologia do saber*. Rio de Janeiro: Forense, 1986.

FISCHER, Rosa Maria Bueno. *A ordem do discurso*. SP: Loyola, 1998.

FISCHER, Rosa Maria Bueno. *As palavras e as coisas*. Lisboa: Portugalia, s/d.

FISCHER, Rosa Maria Bueno. "O sujeito e o poder". In: DREYFUSS, Hubert e RABINOW, Paul. *Uma trajetória filosófica*. Para além do estruturalismo e da hermenêutica. Rio de Janeiro: Forense, 1995, p. 231-249.

FISCHER, Rosa Maria Bueno. *História da sexualidade I*: a vontade de saber. Rio de Janeiro: Graal, 1990a.

FISCHER, Rosa Maria Bueno. *História da sexualidade II: o uso dos prazeres*. Rio de Janeiro. Graal, 1990b.

FISCHER, Rosa Maria Bueno. *História da sexualidade III: o cuidado de si*. Rio de Janeiro: Graal, 1985.

GARBER, Marjorie. *Symptoms of culture*. London: Penguin Books, 1998.

HALL, Stuart. A centralidade da cultura: notas sobre as revoluções do nosso tempo. *Educação & Realidade*. Porto Alegre: UFRGS/FACED, v.22, n.2, jul./dez. 1997a, p. 15-46.

HALL, Stuart. The work of representation. In: _____. (org.). *Representation: cultural representations and signifyng practices*. London: Sage/Open University, 1997b.

KEHL, Maria Rita. "Imaginário e pensamento". In: SOUZA, Mauro Wilton de. *Sujeito, o lado oculto do receptor*. São Paulo: Brasiliense, 1995, p. 169-179.

KRISTEVA, Julia. *Les nouvelles maladies de l'âme*. Paris: Fayard, 1993.

MACHADO, Arlindo. *A arte do vídeo*. São Paulo: Brasiliense, 1988.

MACHADO, Arlindo. *O sujeito na tela*. Modos de enunciação no cinema e no ciberespaço. São Paulo: Paulus, 2007.

MACHADO, Arlindo. *A TV levada a sério*. São Paulo: SENAC, 2000.

MCLUHAN, Marshall. "Os meios de comunicação como extensões do homem". São Paulo: Cultrix, 1971.

MENDES, Lucas et al. "O meio é a mensagem?" In: *Bravo!* Sessão Ensaio. São Paulo: Editora D'Ávila, a.4, n.46, jul. 2001.

NOVAES, Adauto (Org.). *Rede imaginária. Televisão e democracia*. São Paulo: Cia. das Letras, Secretaria Municipal de Cultura SP, 1991.

PÊCHEUX, Michel. *O discurso: estrutura ou acontecimento*. Campinas: Pontes; Unicamp, 1990.

PINTO, Céli Regina Jardim. *Com a palavra o Senhor Presidente José Sarney. Ou como entender os meandros da linguagem do poder*. São Paulo: Hucitec, 1989.

PINTO, Céli Regina Jardim. *Feminismo, desigualdade social e democracia no Brasil* (ou o que a teoria política feminista tem a dizer a propósito das questões de desigualdade social e democracia no Brasil). Porto Alegre: 2001 (texto digitado, no prelo).

PROST, Antoine. "Fronteiras e espaços do privado". In: PROST, Antoine e VINCENT, Gérard (Org.). *História da vida privada*. São Paulo: Cia. das Letras, 1995, v.5: Da Primeira Guerra a nossos dia, p. 13-153.

SANTAELLA, Lucia e NÖTH, Winfried. *Imagem. Cognição, semiótica, mídia*. São Paulo: Iluminuras, 1998.

SARLO, Beatriz. *Cenas da vida pós-moderna. Intelectuais, arte e vídeo-cultura na Argentina*. Rio de Janeiro: Editora UFRJ, 1997.

SKLIAR, Carlos. A invenção e a exclusão da alteridade 'deficiente' a partir dos significados da normalidade. In: *Educação & Realidade*. Porto Alegre: FACED/UFRGS, v.24, n. 2, jul./dez. 1999, p. 22-23.

SILVA, Tomaz Tadeu da (Org.). *O que é, afinal, Estudos Culturais?* Belo Horizonte: Autêntica, 1999.

ZIZEK, Zlavoj. "O espectro da ideologia". In: _____. *Um mapa da ideologia*. Rio de Janeiro: Contraponto, 1994.

As autoras

Rosa Maria Bueno Fischer, gaúcha, nascida aos 15 de dezembro de 1949, é jornalista, graduada em Letras, Mestre em Educação pelo Instituto de Estudos Avançados em Educação (IESAE) da Fundação Getúlio Vargas, Rio de Janeiro, e Doutora em Educação pela UFRGS. Em 2009 foi Visiting Scholar da New York University (NYU), nos Estados Unidos, onde realizou seu estágio de pós-doutorado. É professora da Faculdade de Educação da UFRGS, na graduação e no Programa de Pós-Graduação em Educação. Editora associada da revista *Education Policy Analysis Archives/ Arquivos Analíticos de Políticas Educativas,* atua também como membro do Comitê Consultivo do Scielo Educa, gerenciado pela Fundação Carlos Chagas, desde 2010. Tem experiência na área de Educação e da Comunicação, com ênfase em Sociologia e Filosofia da Cultura, estudos foucaultianos e pesquisas sobre mídia, juventude e processos de subjetivação. Coordena o NEMES – Núcleo de Estudos sobre Mídia, Educação e Subjetividade, da UFRGS (www.ufrgs.br/faced/pesquisa/nemes).

Durante dez anos trabalhou na TV Educativa do Rio de Janeiro, na coordenação de programas para crianças, adolescentes e professores. Autora do livro *O mito na sala de jantar,* da editora Movimento (1993, 2ª ed.), tem publicado também vários ensaios e capítulos de livros, sobre as temáticas de suas pesquisas. Recentemente (2009) teve um capítulo publicado pela editora Routledge, sobre os desafios de Foucault à Teoria Crítica em Educação, no livro *The Routledge International Handbook of Critical Education,* traduzido em 2011 pela editora brasileira Artmed.

Rosa Maria Bueno Fischer foi editora da revista *Educação & Realidade* da Faculdade de Educação da UFRGS, de 1997 a 2007; foi, também, de 1998 até 2000, membro do Comitê Científico da ANPEd (Associação Nacional de Pós-Graduação e Pesquisa em Educação). Entre 2005-2007, foi coordenadora do GT Educação e Comunicação da ANPEd. E durante três anos (2005-2008) participou do Comitê de Avaliação da CAPES, área de Educação. Desde outubro de 2012, é membro titular do Comitê de Assessoramento da Área de Educação, do CNPq.

Como pesquisadora do CNPq, tem realizado várias pesquisas, como "O estatuto pedagógico da mídia" "Mídia, juventude e reinvenção do espaço público" e, mais recentemente, "Educação do olhar e formação ético-estética: cinema e juventude". Sua mais recente pesquisa, iniciada em 2011, intitula-se "Juventudes e narrativas visuais: por uma ética da imagem na educação", cujo objetivo consiste em realizar estudo teórico sobre os diferentes conceitos de imagem, centralizando a atenção no cinema e na discussão dos temas: imagem e realidade; imagem, discurso e representação; imagem e acesso ao real; imagem e acontecimento; ética das imagens. O foco dessa pesquisa são os estudantes de Pedagogia e suas diferentes formas de experimentação com imagens.

Email: rosabfischer@terra.com.br

Sylvia Magaldi nasceu e cresceu na cidade de São Paulo. Licenciou-se em História pela USP, estudou Pedagogia na Universidade de Paris e completou sua Pós-Graduação em Educação na USP. Na mesma USP, participou intensamente das experiências de renovação pedagógica do então Ensino Médio, desenvolvidas em seu Colégio de Aplicação, tendo também integrado a equipe da então cadeira de Didática Geral e Especial, como professora assistente (1961-1968). Durante os anos mais pesados do regime militar, trabalhou em vários estados do País fazendo consultoria e desenvolvimento de recursos humanos, já com focalização prioritária nas relações entre educação e comunicação. A partir dos primeiros Telecursos da Fundação Roberto Marinho (1977-1985), dois dos quais planejou e coordenou, a interface educação/televisão é que se tornou seu objeto de estudo preferencial. Dirigiu a área de Educação da Fundação Roquette-Pinto e muito aprendeu, junto à TV Educativa do Rio de Janeiro, sobre os acertos e equívocos dessa potencialmente poderosa e sempre delicada relação. Desde 1994, dedicou-se à questão do despreparo da maioria dos telespectadores (aí inclusos educadores em geral), em relação às linguagens, mensagens, emoções e truques que fazem a TV. Buscando caminhos viáveis rumo a uma educação *para* a televisão, realizou inúmeros cursos-oficinas, encontros e palestras, voltados sobretudo para professores. A realização de uma série de programas de TV com essa finalidade era o projeto de que mais desejaria ter participado. Faleceu dia 21 de janeiro de 2013, aos 75 anos, em São Paulo (SP).

A COLEÇÃO

Este livro inaugura a Coleção TEMAS & EDUCAÇÃO. Voltados principalmente para professoras e professores, pesquisadores, estudantes de cursos de Pedagogia e Licenciaturas e demais interessados em Educação, os livros desta Coleção pretendem traçar um panorama sobre diferentes temas e suas relações com a teoria e a prática educacionais. Sempre a cargo de especialistas, cada livro será produzido a custo acessível e terá como preocupação central uma combinação equilibrada entre o rigor teórico, a concisão e a utilidade para seus leitores e leitoras. Além do texto propriamente dito, há sugestões de leituras adicionais e relação de *sites* da Internet, relacionados aos temas tratados.

Estão sendo preparados vários outros títulos, a serem lançados em breve: *Epistemologia & Educação, Hermenêutica & Educação, Análise do Discurso & Educação, Fenomenologia & Educação, Linguística & Educação, Anarquismo & Educação, Teoria Crítica & Educação, Mídia & Educação, Marxismo & Educação.*

Junto com TEMAS & EDUCAÇÃO, a Autêntica Editora está também lançando a Coleção PENSADORES & EDUCAÇÃO. Com estas duas Coleções, você estará formando uma ampla e atualizada biblioteca no campo educacional.

Alfredo Veiga-Neto
Coordenador das Coleções
alfredoveiganeto@uol.com.br

Este livro foi composto com tipografia Garamond-Light e impresso
em papel Off set 75 g/m² na Gráfica PSI 7.